Gymnasium Bayern

À plus !
Nouvelle édition

Carnet d'activités

Förderübungen

In diesem Beiheft findest du weitere Übungen, die du im Anschluss an die *Fais le point*-Aufgaben bearbeiten kannst.

Die Lösungen findest du online,
▶ Code auf der Seite 1 deines *Carnet*.

Cornelsen

▷ 10|1 **1** **Qu'est-ce qu'on dit?**

Ordne zu und schreibe die Sätze auf.

1 | Salut, Alex! | Bonjour, Madame!

Du begrüßt eine/n Freund/in. _____

Du begrüßt die Mutter deiner Freundin. _____

2 | Il s'appelle Ivan. | Tu t'appelles comment? | Je m'appelle Marc. | C'est qui?

Du stellst dich vor. _____

Du fragst einen Jungen, wie er heißt. _____

Du fragst, wer der Mann / die Frau ist. _____

Du sagst, wie dein Freund heißt. _____

3 | C'est l'ami de Théo. | C'est l'amie de Théo.

Du stellst den Freund von Théo vor. _____

Du stellst die Freundin von Théo vor. _____

4 | Je suis nouvelle à l'école. | Je suis nouveau à l'école.

Théo sagt, dass er neu in der Schule ist. _____

Lara sagt, dass sie neu in der Schule ist. _____

5 | Au revoir, Monsieur. | Salut, à demain.

Du verabschiedest dich von deinem Lehrer. _____

Du verabschiedest dich von deinen Freunden. _____

Hast du alle Wörter richtig geschrieben? Lies deine Sätze noch einmal Korrektur.

2 Wortschatz / Der bestimmte Artikel

a Ordne die Nomen mit dem bestimmten Artikel in die richtige Tabelle ein.

fille	garçon	professeur	récréation	surveillant	ami	amie
école	rentrée	surveillante	élève	classe	cour	cahier

le/l'	la/l'
le garçon,	*la fille,*

b Setze die Nomen in den Plural.

les

les garçons,	*les filles,*

3 Das Verb *être*

a Ergänze die fehlenden Formen.

Je _____   _____ sommes

_____ es   vous _____

il _____   ils _____

elle _____   elles _____

on _____

b Korrigiere mit Hilfe der *Repères*, S. 27.

c Ergänze die Sätze mit der richtigen Form von *être*.

1. Tu _____ en sixième A? — Non, je _____ en sixième B?
2. Et Noah? — Il _____ en cinquième B.
3. Et Yasmine et Clara? — Elles _____ en sixième A.
4. Voilà Théo et Lukas. Ils _____ aussi dans la classe de Clara.
5. Vous _____ dans la classe de Madame Morin? — Non, nous _____ dans la classe de Monsieur Martel.

▷ 11|4 **4 Das Personalpronomen und das Verb *être***

a Setze für die Personen die richtigen Personalpronomen ein.

Noah = _____   Yasmine et Clara = _____   Jade = _____

Théo et Lukas = _____   Théo, Clara et Lukas = _____

b Wähle das richtige Personalpronomen aus und vervollständige die Sätze.

1. – Victor et Laura sont dans la classe de Clara?

   – Non, _____ (elles/ils) sont dans la classe de Jade.

2. – Anna est en cinquième?

   – Oui, _____ (elle/il) est en cinquième B.

3. – _____ (tu/vous) êtes Madame Morin?

   – Non, _____ (je/elle) suis Madame Poussin.

4. – _____ (ils/vous) êtes les élèves de la sixième A?

   – Non, _____ (nous/ils) sommes les élèves de la cinquième B.

1 Qu'est-ce qu'on dit?

20|1

a Wie sagst du auf Französisch? Ordne richtig zu. (▶ Repères, Qu'est-ce qu'on dit, p. 44)

Du zählst auf, was sich in deinem Zimmer befindet. **1**	**a** La télécommande est sur l'étagère.
Du sagst, wo sich ein Gegenstand befindet. **2**	**b** Dans ma chambre, il y a une armoire et un hamac.
Du forderst jemanden auf, mit dir zu spielen! **3**	**c** Non, pas maintenant.
Du sagst, dass du im Moment etwas nicht machst. **4**	**d** Joue avec moi, s'il te plaît.

b Wie fragst du auf Französisch? Ordne richtig zu.

Du fragst jemanden, was sich in seinem Zimmer befindet. **1**	**a** Tu joues avec moi?
Du fragst jemanden, was er in seinem Zimmer macht. **2**	**b** Qu'est-ce qu'il y a dans ta chambre?
Du fragst jemanden, ob er mit dir spielt. **3**	**c** On écoute un CD ensemble?
Du fragst jemanden, ob er mit dir gemeinsam eine CD hört. **4**	**d** Qu'est-ce que tu fais dans ta chambre?

2 Wortschatz

20|2

Retrouve les mots et écris-les en bleu ou en rouge avec l'article indéfini *un* ou *une*. | Finde die Nomen wieder und ordne sie in den richtigen Kasten ein. Schreibe die männlichen Wörter blau, die weiblichen rot mit dem entsprechenden Artikel *un* oder *une* auf. (▶ Liste des mots, p. 199)

erbmahc   tiucsib   ednammocélét   enîahcinim   noitcelloc

olyst   elocé

ruetanidro   erègaté   eriomra   tnemetrappa

3 **Ortsangaben**

Complète. Utilise *sur, sous, à gauche, à droite,*
dans, devant, derrière.

1. C'est _____ l'armoire?

2. C'est _____ la table?

3. C'est _____ l'étagère?

4. C'est _____ la classe?

5. C'est _____ ?

6. C'est _____ ?

7. C'est _____ l'école?

8. C'est _____ l'école?

4 **Die unbestimmten Artikel und die Nomen im Plural**

Un, une oder *des*? | Schreibe einen unbestimmten Artikel im Singular *(un, une)* vor die Nomen
im Singular und den unbestimmten Artikel im Plural *(des)* vor die Nomen im Plural.
(▶ **Liste des mots, p. 199**)

_____ minichaîne   _____ chaises   _____ étagères   _____ hamac   _____ télé

_____ ordinateurs   _____ biscuits   _____ bédés   _____ livres   _____ lit

5 **Der bestimmte und der unbestimmte Artikel**

a **Setze den passenden unbestimmten Artikel im Singular oder im Plural ein.**
(▶ **Liste des mots, p. 199**)

le lit → _*un*_ lit   la table → _____ table   l'armoire → _____ armoire

les bédés → _____ bédés   l'ordinateur → _____ ordinateur   les chaises → _____ chaises

b **Complète. Utilise** *un/une/des* **ou** *le/la/l'/les*. | Bestimmt oder unbestimmt? Ergänze mit dem
richtigen Artikel.

1. Voilà _____ appartement. C'est _____ appartement de Mme Masson.

2. Voilà _____ chambre. C'est _____ chambre de Jade.

3. Dans _____ chambre de Jade, il y a _____ lit, _____ table, _____ étagères.

4. _____ lit est entre _____ table et _____ étagères.

▶ 21|6 **6** **Die Verben auf -er**

a Range les formes des verbes. | Ordne die Verbformen richtig ein. (▶ Les verbes, p. 190)

1 travaille **3** chantez **5** regardent **7** jouent **9** rêves

2 écoute **4** cherchons **6** téléphones **8** chattons **10** rentrez

	Je/J' Il/Elle/On	Tu	Nous	Vous	Ils/Elles
1					
2					
3					
4					
5					
6					
7					
8					
9					
10					

b Complète par les formes qui manquent. | Vervollständige die Tabelle. (▶ Les verbes, p. 190)

█ Unité 3

▶ 30|2 **1** **Wortschatz**

a Vervollständige die Sätze mit dem passenden Nomen/Verb.

1. Le _____ de Daniela s'appelle Antoine. (oncle – frère – sœur)

2. Et Geronimo, c'est qui? C'est son _____ (profs – amis – chat)

3. La _____ de Marie s'appelle Indi-Anna. (sœur – amie – école)

4. Le père de Théo _____ à Paris. (habitent – travaille – téléphoner)

5. Il _____ le week-end avec sa famille à Strasbourg. (rêve – cherche – passe)

6. Théo et sa sœur _____ la télé ensemble. (jouent – regardent – écoute)

b Nach welchen Kriterien hast du deine Wahl getroffen?

2 Die Verben *être* **und** *avoir*

a Complète le tableau. | Fülle die Tabelle aus: Kreuze das passende Hilfsverb an und schreibe den kompletten Satz ab.

	avoir	être	
Elle ? en cinquième.	☐	☒	*Elle est en cinquième.*
Nous ? un chien et un chat.	☐	☐	_____
Tu ? sympa!	☐	☐	_____
Mon ami ? un hamac.	☐	☐	_____
Vous ? le CD de ZAZ?	☐	☐	_____
Je/J' ? un frère.	☐	☐	_____
Je/J' ? 14 ans.	☐	☐	_____
On ? des cousins à Berlin.	☐	☐	_____
Nous ? dans la classe de Clara.	☐	☐	_____
Mes cousins ? deux tortues.	☐	☐	_____
Elles ? adorables!	☐	☐	_____
Je/J' ? moche!	☐	☐	_____
Tu ? des frères et sœurs?	☐	☐	_____
Toi et tes parents, vous ? de Leipzig?	☐	☐	_____

b *Être* ou *avoir*? **Complète.** | Lies den Text und ergänze mit den richtigen Verbformen von *être* und *avoir*.

Salut! Moi, c'est Élodie, j'_____ treize ans. Marion et moi, nous _____

au collège Mistral, à Marseille. Marion, c'est ma sœur. Elle _____ dix ans et elle

_____ super intelligente. Mes parents _____ profs. Ils _____

une collection de livres, moi j'_____ un coin CD dans ma chambre, et puis nous

_____ aussi des DVD. Alors à la maison, il y a des étagères partout!

Mais je _____ bavarde! Tu _____ quel âge? Tes parents et toi, vous

_____ aussi de Marseille? Tu _____ des frères et sœurs?   À plus!   Élo

3 Die Possessivbegleiter

a Coche et écris le pluriel des noms. | Kreuze an. Setze die Possessivbegleiter und die Nomen in den Plural.

	mon, ton, son		ma, ta, sa
	♂	♀ vor Vokal	♀
activité		X		*mes, tes, ses activités*
oncle				
animal				
CD				
chat				
collection				
étagère				
poster				
tortue				
amie				

b Complète. | Ergänze mit dem richtigen Possessivbegleiter aus a.

1 Bienvenue chez moi! Voilà _____ parents avec

_____ sœur. La fille sur le lit, c'est _____

amie Aurélie et là dans le hamac, il y a _____

lapin Jack. Il est toujours là!

2 – C'est bien chez toi et elle est sympa, _____

chambre! Ce sont _____ animaux?

– Le poisson et les tortues oui. Mais Fido, c'est le

chat de _____ sœur.

– Et _____ tortues, elles s'appellent comment?

Oh, regarde, Fido joue avec _____ poisson!

3 – Où est le CD des BB Brunes?

– Regarde dans la chambre de Paul, sur _____

étagère, à droite de _____ collection de figurines.

_____ CD sont là et le CD des BB Brunes aussi.

▶ 31|5 **4** **Das Adjektiv**

Mon **animal** est joli/~~jolie~~.

Mon **amie** est intelligente/~~intelligent~~.

Les **amis** de ma copine sont ~~bavardes~~/bavards.

À toi! | Auf welche Wörter / welches Wort musst du achten, um das Adjektiv richtig anzugleichen? Markiere sie/es. Streiche dann die falsche Form des Adjektivs durch.

1. Les enfants de mon oncle sont pénibles/pénible.

2. Les frères et sœurs de Tania sont bavarde/bavards.

3. Mon chien est intelligente/intelligent.

4. La photo avec Lola et Astrid est jolies/jolie.

▶ 31|6 **5** **Qu'est-ce qu'on dit?**

Trouve les paires. | Finde die Wortpaare.

| être au chômage   beau-père |
| joli   tôt   c'est super   bête |
| être séparé   la semaine |

| tard   intelligent   belle-mère |
| être ensemble   travailler   moche |
| le week-end   c'est l'horreur |

1. _____*être au chômage*_____ / _____*travailler*_____

2. _____ / _____

3. _____ / _____

4. _____ / _____

5. _____ / _____

6. _____ / _____

7. _____ / _____

8. _____ / _____

Unité 4

1 **Qu'est-ce qu'on dit?**

a Ordne die Sätze richtig zu.

Du sagst auf Französisch, dass du ...

... Musik machst. **1**	**a**	J'aime le sport.
... Sport magst. **2**	**b**	Je n'aime pas le foot.
... das Theater liebst. **3**	**c**	Je fais de la musique.
...Tennis vorziehst. **4**	**d**	J'adore le théâtre.
... Fußball nicht magst. **5**	**e**	Je déteste l'athlétisme
... Leichtathletik hasst. **6**	**f**	Je préfère le tennis.

b Du sprichst über deine/n Lieblingssänger/in und über deine Lieblingsband. Was sagst du?

Je suis _____ .

Mon groupe _____ , c'est _____ .

c Wie sagst du das Folgende auf Französisch? Ordne die Sätze zu.

Du fragst jemanden, was er/sie am

Wochenende vorhat. **1**	**a**	Je t'invite.
Du lädst jemanden ein. **2**	**b**	C'est une super idée.
Du fragst, ob er/sie einverstanden ist. **3**	**c**	Mes parents sont d'accord
Du sagst, dass das eine gute Idee ist. **4**	**d**	On rentre à quelle heure?
Du sagst, dass deine Eltern einverstanden sind. **5**	**e**	Tu es d'accord? / Ça marche?
Du fragst, wann ihr zurückkommt. **6**	**f**	Qu'est-ce que tu fais ce week-end?

2 **Wortschatz**

Schreibe die passenden Nomen neben die entsprechende Zahl. Schreibe männliche Nomen blau und weibliche Nomen rot.

> la guitare   le tennis   le foot   le ski   la bédé   les percussions   la danse
> le vélo   le théâtre   l'aviron

1. _____   6. _____

2. _____   7. _____

3. _____   8. _____

4. _____   9. _____

5. _____   10. _____

▷ 40|3 3 Die Verben

Vervollständige die Verbformen.

faire	vouloir	pouvoir
je __ __ __ s	je veu	je __ __ __ x
tu __ __ __ s	tu veu __	tu __ __ __ x
il/elle/on __ __ __ t	il/elle/on veu __	il/elle/on __ __ __ t
nous __ __ __ s __ __ __ __	nous voul __ __ __	nous __ __ __ __ __ ons
vous __ __ __ tes	vous voul __ __	vous __ __ __ __ __ ez
ils/elles __ o __ t	ils/elles veul __ __ __	ils/elles __ __ __ __ __ ent

▷ 41|4 4 Das Verb *faire de* + bestimmter Artikel

a Ergänze die richtige Form von *de* + bestimmter Artikel.

d̶e̶ + l̶e̶ = _____   de + l' = _____

de + la = _____   d̶e̶ + l̶e̶s̶ = _____

b Verbinde *faire de* und das Nomen. Ergänze die Sätze.

faire de +
la guitare   → faire *de la* ___*guitare*___   → Je fais _____

faire de +
le tennis   → faire __ _____   → Max fait _____

faire de +
l'athlétisme   → faire _____ __ _____   → Inès fait _____

faire de +
les percussions → _____ __ _____ → Léa fait _____

▷ 41|5 5 Die Verneinung

Verneine die Sätze.

1. Théo regarde la télé.   → Théo _____ regarde _____ la télé.

2. Anna aime le sport.   → Anna _____ aime _____ le sport.

3. Amandine et Eva aiment l'aviron.   → Amandine et Eva _____ aiment _____ l'aviron.

4. Ses parents sont d'accord.   → Ses parents _____ sont _____ d'accord.

5. Simon travaille beaucoup pour l'école. → Simon _____ travaille _____ beaucoup pour l'école.

6. Elles surfent beaucoup sur Internet.

→ Elles _____ .

7. Vous regardez le DVD avec Dany Boon?

→ Vous _____ ?

▶41|6 6 Die Frage mit *est-ce que*

a Stelle Fragen mit *est-ce que*.

1. Il fait de la musique. → *Est-ce qu'il fait de la musique?* _____

2. Tim est d'accord. → _____

3. Noah aime le sport. → _____

4. Tu aimes le foot. → _____

5. Elles font une balade. → _____

b Stelle Fragen mit *Qu'est-ce que ...?*

1. Was machst du? → *Qu'est-ce que tu fais?* _____

2. Was macht Clara? → _____

3. Was macht ihr? → _____

4. Was machen sie? → _____

c *Est-ce que/qu'... ?* **oder** *Qu'est-ce que/qu'... ?* Vervollständige und übersetze die Fragen ins Deutsche.

1. _____ tu aimes?   _____

2. _____ tu aimes le sport?   _____

3. _____ tu fais ce week-end?   _____

4. _____ tu aimes le théâtre?   _____

▶41|7 7 Hören und Verstehen

a Hör dir den 1. Abschnitt des Hörtextes an.

Wie heißen die beiden Gesprächspartner?: _____ _____

b Hör dir den 2. Abschnitt des Hörtextes an.

Wen ruft Cécile? _____ ▶

c Hör dir den 3. Abschnitt des Hörtextes an.

1. Wer spricht jetzt am Telefon?

   _____

2. Fährt Philippe gerne Rad?

   _____

3. Mit wem will Paul Radfahren gehen?

   _____

4. Hat Philippe am Samstag Zeit?

   _____

d Hör dir den 4. Abschnitt des Hörtextes an.

1. Wen fragt Philippe um Erlaubnis?

   _____

2. Ist die Person einverstanden?

   _____

3. Um wie viel Uhr werden sie von der Fahrradtour zurückkehren?

   _____

4. Um wie viel Uhr holen sie Philippe ab?

   _____

Unité 5

▶ 50|1 **1 Qu'est-ce qu'on dit?**

Du bist bei deinem/deiner Brieffreund/in in Frankreich. Welche Aussage auf Französisch ist die richtige für die Situation? Kreuze an.

1. Du möchtest etwas verstehen. Wie fängst du deinen Satz an?

   ☐ Parce que …
   ☐ Pourquoi est-ce que …
   ☐ À quelle heure est-ce que …

2. Du sagst, dass du etwas häufig machst. Welches Wort verwendest du?

   ☐ assez
   ☐ bientôt
   ☐ aussi
   ☐ souvent

3. Du findest, dass der Vorschlag gut ist. Wie kannst du das ausdrücken? Es gibt mehrere Möglichkeiten.

   ☐ Bonne idée!
   ☐ Je suis contre!
   ☐ Trop cool!

4. Du möchtest wissen, wann das Museum auf hat. Wie fragst du?

   ☐ Est-ce que le musée est ouvert?
   ☐ Quand est-ce que le musée est ouvert?
   ☐ Pourquoi est-ce que le musée est ouvert?

5. Du magst etwas nicht so gern. Wie drückst du das aus? Es gibt mehrere Möglichkeiten.

   ☐ Bof. Ce n'est pas mon truc.
   ☐ Je suis pour!
   ☐ Je n'aime pas trop ça.
   ☐ Je ne sais pas.

6. Du sagst, dass du montags nachmittags Kunstunterricht hast.

   ☐ Lundi matin, j'ai cours de dessin.
   ☐ Le lundi, j'ai cours de dessin.
   ☐ Le lundi après-midi, j'ai cours de dessin.

2 Die Possessivbegleiter

> – Vor Nomen im Singular stehen *notre/votre/leur*.
> – Vor Nomen im Plural stehen *nos/vos/leurs*.

Wähle nun für jeden Satz den passenden Possessivbegleiter und kreise ihn ein.

1. Voilà (notre)/nos <u>collège</u>.

2. Regardez, il y a notre/nos dessins sur les murs.

3. Les élèves retrouvent leur/leurs copains dans la cour.

4. Notre/Nos endroit préféré, c'est le CDI.

5. Là, vous pouvez être tranquilles et faire votre/vos devoirs.

6. Les profs ont leur/leurs salle à côté.

7. Et chez vous, c'est comment? Est-ce que vous aimez votre/vos école?

3 Der zusammengezogene Artikel mit der Präposition *à*

a Unterstreiche in den folgenden Sätzen die männlichen Nomen und kreise die weiblichen ein.

b Ergänze dann die Sätze mit der korrekten Form des zusammengezogenen Artikels mit *à*.

au	à la	à l'	aux

1. Les sixièmes A ont EPS _____*au*_____ <u>gymnase</u>.

2. Clara est _____ (maison) avec Camille.

3. Yasmine aime aller _____ théâtre.

4. Théo et Lukas vont _____ école ensemble.

5. Les élèves vont _____ cantine.

6. Madame Goll rentre tard _____ appartement.

▷ 51|4 4 Le *futur proche*

a Vervollständige die Regel.

Das *futur proche* besteht aus _____ Verben. Das erste ist immer die

konjugierte Form des Verbs _____. Das zweite steht immer im _____.

Die Verneinungswörter *ne ... pas* umschließen das Verb _____.

b Finde die Sätze im *futur proche* wieder und schreibe sie auf. Achte auf die Satzzeichen!

1. vas / Est-ce que / travailler / tu / au CDI / après la récré?

   Est-ce que tu vas travailler au CDI après la récré? _____

2. passer / Lukas / ses vacances / en Allemagne. / va

   _____

3. ne / Les corres / vont / le musée du chocolat. / pas / visiter

   _____

4. une balade / Nous / faire / allons / dans les Vosges.

   _____

5. mercredi / allez / Qu'est-ce que / après-midi? / faire / vous

   _____

▷ 51|5 5 Die Fragen

Welche Frage passt zu welcher Antwort? Verbinde die Gesprächspartner!

Où est-ce que tu habites?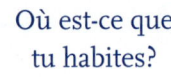

 Parce que j'ai une interro de maths.

À quelle heure est-ce que je passe te prendre?

Lundi matin.

Pourquoi est-ce que tu ne veux pas aller au cinéma?

À 18 heures, c'est bien.

Quand est-ce que les correspondants arrivent?

 Dans le quartier allemand.

60|1 1 Qu'est-ce qu'on dit?

a Ordne die Sätze richtig zu.

Du fragst, was es heute in der Kantine gibt.	**1**	**a**	Le gâteau au chocolat, c'est trop bon.
Du fragst, ob es gut schmeckt.	**2**	**b**	Je ne comprends pas.
Du wünschst „Guten Appetit".	**3**	**c**	C'est bon?
Du sagst, dass du etwas nicht verstehst.	**4**	**d**	Bon appétit.
Du findest den Schokoladenkuchen ganz toll.	**5**	**e**	Qu'est-ce qu'il y a à la cantine aujourd'hui?

b Welche Antwort passt?

1. Qu'est-ce que tu prends?
   a) ☐ Le gâteau au chocolat.
   b) ☐ Comme dessert, il y a un gâteau au chocolat.

2. Tu ne manges plus?
   a) ☐ Non, je préfère le taboulé.
   b) ☐ Non, je n'ai plus faim.

3. Qu'est-ce que ça veut dire «lapin»?
   a) ☐ Non, je prends les spaghettis.
   b) ☐ Je ne sais pas.

60|2 2 Wortschatz

Ordne die Wörter den Bildern zu.

un supermarché   une cathédrale   une piscine   un magasin   une boulangerie   un stade

60|3 3 Die Verben

a *Prend-* **oder** *pren-* **oder** *prenn-***? Ergänze die Tabelle.**

Infinitif: _____re

je _____s		nous _____ons	
tu _____s		vous _____ez	
il _____		ils _____ent	
elle _____		elles _____ent ▶	

b Wähle die richtige Verbform aus und setze sie in die Sätze ein.

1. Tom ne _____ pas le mot «lapin».   comprends/comprend

2. Théo et Yasmine _____ le lapin.   prennent/prendent

3. Clara: «Je _____ les spaghettis.»   prends/prens

4. Tom et Ronja ne _____ pas «moutarde».   comprenent/comprennent

5. Alors ils _____ aussi les spaghettis.   prendent/prennent

6. Tom et Ronja: «Nous _____ le gâteau au chocolat.»   prenons/prennons

▶ 61|4 **4**   Die Verneinung mit *ne ... plus*

Complète. Utilise la négation avec *ne ...plus*.

À midi ...   **À midi et demie ...**

Clara a faim.   Clara _____ a _____ faim.

elle veut manger un gâteau au chocolat.   elle _____ veut _____ manger son dessert.

les élèves mangent avec leurs corres.   les élèves _____ mangent _____.

L'après-midi ...   **L'après-midi ...**

les Français vont retourner en cours.   les Allemands _____ vont _____ retourner
en cours.

▶ 61|5 **5**   Die Mengenangaben

a Welcher Satz ist richtig?   1. Im Zentrum sind viele Geschäfte.
   Kreuze an.   ☐ Au centre, il y a beaucoup de magasins.
                                  ☐ Au centre, il y a trop de magasins.

                                  2. Aber es gibt wenige Cafés.
                                  ☐ Mais il y a assez de cafés.
                                  ☐ Mais il y a peu de cafés.

                                  3. Es gibt kein Schwimmbad mehr.
                                  ☐ Il n'y a pas de piscine.
                                  ☐ Il n'y a plus de piscine.

b Übersetze die übrig gebliebenen Sätze ins Deutsche.

_____

_____

_____

69|1   1   Qu'est-ce qu'on dit?

Qu'est-ce qui va ensemble? | Was sagst du in welcher Situation? Verbinde.

Du fragst, wer einkaufen geht.	**1**	**a**	Joyeux anniversaire!
Du sagst, dass du ein Geschenk mitbringen willst.	**2**	**b**	Je veux apporter un cadeau.
Du fragst, wer was macht.	**3**	**c**	Qui fait quoi?
Du sagst deiner Freundin: „Alles Gute zum Geburtstag!"	**4**	**d**	Le livre coûte neuf euros.
Du sagst deinem Freund, dass du dich auf ihn verlässt.	**5**	**e**	Qui fait les courses?
Du sagst, dass das Buch neun Euro kostet.	**6**	**f**	Je compte sur toi!

69|2   2   Das Datum

Ergänze auf den Kalenderblättern die Monatsnamen.

69|3   3   Die Zahlen bis 100

Bei einer Tombola werden die Gewinnzahlen ausgerufen. Schreibe die Buchstaben der Sprechblasen zu den passenden Zahlwörtern. (▶ Die Zahlen, S. 189)

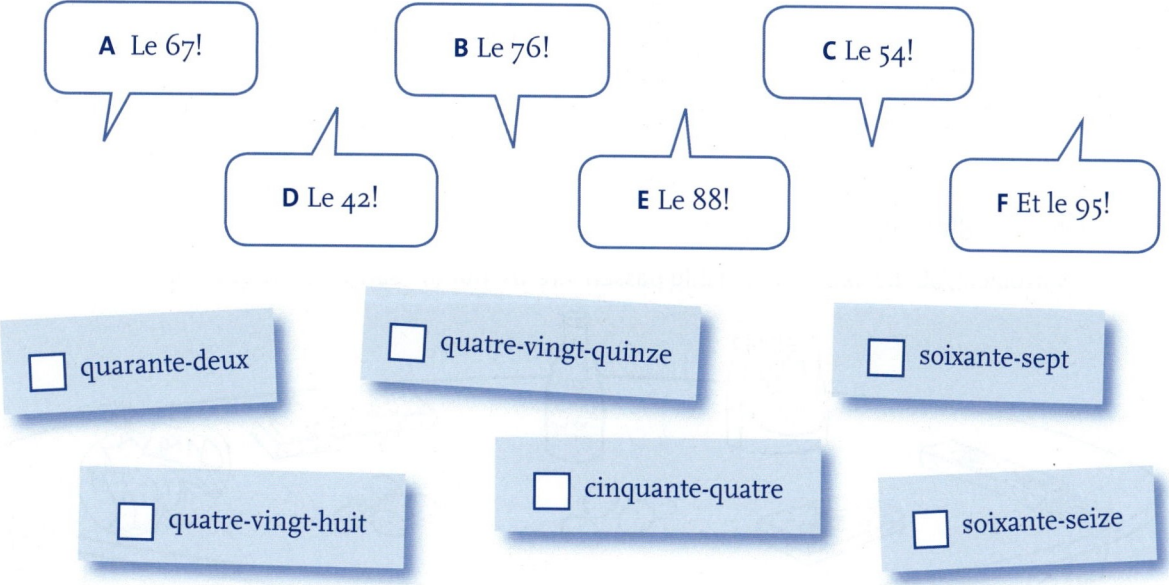

▷ 4 Das Verb *acheter*

69–70|4

Schreibe die Formen des Verbs *acheter* in den Backformen auf.

j' ⬭ nous ⬭

tu ⬭ vous ⬭

il/elle/on ⬭ ils/elles ⬭

▷ 5 Die Verben *attendre* und *entendre*

69–70|4

a Bringe die Buchstaben in die richtige Reihenfolge.

1. s t e n d e n _____

2. z n e t a t d e _____

3. s e t a d n t _____

4. e n t e n d t e n _____

5. d a n s e t t o n _____

6. n e n d e t _____

b Ergänze die Sätze mit den Verbformen aus a.

1. Il _____ un chien dans la cour.

2. Vous _____ qui?

3. Attention, j'_____ la prof!

4. Après 22 heures ils n'_____ plus la musique du bar.

5. Nous _____ nos correspondants.

6. Tu _____ ton dessert?

▷ 70|5 6 Die Mengenangaben

Kontrolliere, ob die Sätze zu dem Bild passen. Kreuze nur die Sätze an, die passen.

Sur la table ...

1. il y a deux paquets de spaghettis. ☐
2. il y a un kilo de bananes. ☐
3. il y a une tablette de chocolat. ☐
4. il y a un kilo de farine. ☐
5. il y a beaucoup de fraises. ☐
6. il y a deux paquets de biscuits. ☐
7. il n'y a pas d'œufs. ☐
8. il y a une bouteille de lait. ☐

▶ 70|6 **7** **Die direkten Objektpronomen**

a Wofür stehen *le, la, les*? Schreibe alle Gegenstände auf, die zum Satz passen könnten.

> la télévision   le DVD   la photo   la recette   le programme   les bédés   les fossiles
> l'emploi du temps   les posters   le dessin   l'invitation   les animaux

1. Théo et Lukas **le** regardent.

_____

2. Yamine **la** regarde.

_____

3. Les copains **les** regardent.

_____

b Bilde die Sätze. Achte auf die Stellung der Objektpronomen *me/m', te/t', nous, vous.*

1. t' / appelle/ Je / demain.

_____

2. Merci, / vous/ je / adore!

_____

3. retrouves / le / devant / Tu / nous / CDI?

_____

4. Tu / chez / prendre / passes / me / moi?

_____

☛ 75|1 **1** Qu'est-ce qu'on dit?

a Was passt zusammen? Verbinde.

Qu'est-ce que tu **1**   **a** vas passer tes vacances?
Où est-ce que tu **2**   **b** vas faire pendant les vacances?
Je vais **3**   **c** passer trois semaines à Marseille.
On va faire **4**   **d** chez ma tante.
Je vais aller **5**   **e** du vélo au bord du lac Léman.

b Schreibe die Sätze auf.

_____

_____

_____

_____

_____

☛ 75|2 **2** Wortschatz

a Finde das Wort wieder. Schreibe es mit dem bestimmten Artikel *(le, la, les)* auf und übersetze es.

1. lielos   *le soleil* _____   _____

2. rem   _____   _____

3. egalp   _____   _____

4. etrac   _____   _____

5. tiun   _____   _____

6. lavehc   _____   _____

7. cal   _____   _____

8. engatnom   _____   _____

9. eénnodnar   _____   _____

b Erstelle zu fünf Wörtern
deiner Wahl ein Wortbild.
(▶ Méthodes, S. 175/4).

c Welcher Satz passt? Trage den richtigen Buchstaben ein. Ein Bild bleibt übrig.

a Il pleut.   **b** Il fait très chaud.   **c** Il fait très froid.   **d** Il fait beau.

75|3 **3** Grammatik

a Was machen Yasmine, Théo, Clara und Jade, wenn ...?

1. Quand il fait beau, _____ .

2. _____ , Théo reste sous la tente.

3. _____ , Clara fait du ski.

4. _____ , Jade nage dans le lac.

b *Quand* (= wenn) oder *pour* (= um zu)?

1. Cet été nous allons à Marseille _____ passer nos vacances sur un camping.

2. _____ je suis en vacances, je reste au lit jusqu'à midi!

3. _____ nous avons faim, nous mangeons dans notre tente.

4. Sur le camping, il y a un supermarché _____ faire les courses.

Gymnasium Bayern

À plus !

Nouvelle édition

Carnet d'activités

 Deine **interaktiven Gratis-Übungen, Audios** und **Videos** findest du hier:

_____

Dein Zugangscode auf
go.cornelsen.de | 9vhp4-yrnfz

Cornelsen

À plus! 1 *Nouvelle édition* **Gymnasium Bayern**
Carnet d'activités

Im Auftrag des Verlages erarbeitet von: Catherine Mann-Grabowski, Gertraud Gregor

und der Redaktion Französisch
Julia Goltz (Projektleitung), Monika Schulze sowie Vanessa Cousin, Marie-France Lavielle,

Gesamtgestaltung und technische Umsetzung: werkstatt für gebrauchsgrafik, Berlin
Illustrationen: Laurent Lalo

Soweit in diesem Buch Personen fotografisch abgebildet sind und ihnen von der Redaktion fiktive Namen, Berufe, Dialoge und Ähnliches zugeordnet oder diese Personen in bestimmte Kontexte gesetzt werden, dienen diese Zuordnungen und Darstellungen ausschließlich der Veranschaulichung und dem besseren Verständnis des Inhalts.

Bildquellen

Cover Cornelsen / Laurence Uzel, Pascal Denimal; Fotolia / Studio Photo AG; Shutterstock.com/Taras Verkhovynets; Shutterstock / g215; Fotolia / Hervé Marcilloux; Colourbox – **S. 8** *1* Fotolia / Natallia Vintsik; *2* Fotolia / fhphotographie; *3* Fotolia / Jaroslav Machacek; *4* Fotolia / Richard James; *5* Fotolia / Kaspars Grinvalds – **S. 13** © Bayard Presse – Okapi n° 848, mai 2008 – Philippe Mouche, Yves Denoyelle – **S. 23** *Karte* Cornelsen / Lennart Fischer; Fotolia / Meganeura; Fotolia / ComicVector; Fotolia / kazy – **S. 24** *1* Fotolia / Firma V; *2* Fotolia / Eléonore H; *3* Fotolia / GordonGrand; *4* Shutterstock.com/Pixel-Shot – **S. 29** Fotolia / Rita Kochmarjova – **S. 33** *links* Fotolia / Kara; Fotolia / yanlev; Fotolia / Dusan Kostic; *rechts* Fotolia / micromonkey – **S. 36** Fotolia / grafikplusfoto; Fotolia / tunedin – **S. 37** mauritius images / age / Morales – **S. 40** Cornelsen / Laurence Uzel, Pascal Denimal – **S. 52** Fotolia / PackShot; Fotolia / Mikhail Markovskiy; Fotolia / Yvann K – **S. 53** *links + Mitte* Cornelsen / Laurence Uzel, Pascal Denimal; ddp images – **S. 59** Fotolia / PROMA – **S. 63** stock.adobe.com/LIGHTFIELD STUDIOS; Fotolia / Unclesam; Fotolia / Rade Lukovic; Fotolia / alicjane – **S. 83** Cornelsen / Laurence Uzel, Pascal Denimal; Musée du Chocolat – **S. 84** Fotolia / DM7 – **S. 86, 87, 88** Cornelsen / Laurence Uzel, Pascal Denimal – **S. 89** Fußballfeld Fotolia/ thombach; Porträts Cornelsen / Laurence Uzel, Pascal Denimal – **S. 90** *oben + Mitte links* Cornelsen / Laurence Uzel, Pascal Denimal; Fotolia / pixarno; Fotolia / alain wacquier; Fotolia / Frédéric Prochasson – **S. 91** Cornelsen / Laurence Uzel, Pascal Denimal

Symbole und Verweise

🎧 **Schülerfassung:**
Hörübungen online unter s. Code Seite 1

🎧 **Lehrerfassung:**
Hörübungen auf der Audio-CD

▦ Filme online unter s. Code Seite 1

▶ Verweise auf das Lehrbuch

Differenzierung:
◎ leichtere Übung
◉ anspruchsvollere Übung

👥 Partnerarbeit

🇩🇪🇫🇷 Sprachmittlungsübung. Hier hilfst du jemandem, der kein Französisch/Deutsch kann.

www.cornelsen.de

Die Mediencodes enthalten zusätzliche Unterrichtsmaterialien, die der Verlag in eigener Verantwortung zur Verfügung stellt.

Alle Drucke dieser Auflage sind inhaltlich unverändert und können nebeneinander verwendet werden.

Druck: Athesiadruck GmbH, Bozen

Schülerheft:
ISBN 978-3-464-24702-0
1. Auflage, 4. Druck 2024

Schülerheft mit interaktiven Übungen
ISBN 978-3-06-121504-0
1. Auflage, 3. Druck 2024

Lehrerfassung:
ISBN 978-3-464-24703-7
1. Auflage, 4. Druck 2019

PEFC-zertifiziert
Dieses Produkt stammt aus nachhaltig bewirtschafteten Wäldern und kontrollierten Quellen
PEFC
PEFC/18-31-166 www.pefc.de

VOLET 1

Écouter et comprendre

1 Hör zu und suche zu jedem Dialog das passende Bild. Schreibe die Nummer des Dialogs in das Bild.

Écrire

2 Welches Wort passt in welche Backform? Achte darauf, ob die Buchstaben nach oben oder nach unten herausragen, und ob es Punkte oder Akzente auf den Buchstaben gibt. Schreibe dann das Wort in die entsprechende Backform hinein.

ça va   ~~bof~~   super   au revoir
bonjour   à demain

1. *b o f*

2.

3.

4.

5.

6.

3 Sépare les mots et écris les dialogues. | Trenne die Wörter voneinander und schreibe die Dialoge auf. Denke an die Satzzeichen.

A SALUTJADEÇAVASUPERETTOI

B AUREVOIRMADAMEÀDEMAINJADE

Noah

Jade

Jade

La prof

Regarder et comprendre

 4

Va sur le site scook.de/bayern et tape le code, page 1.
Regarde le film et fais l'exercice p. 86.

VOLET 2

Lire et comprendre

1 Retrouve les deux dialogues et écris-les dans ton cahier. | Stelle die zwei Dialoge wieder her und schreibe sie in dein Heft.

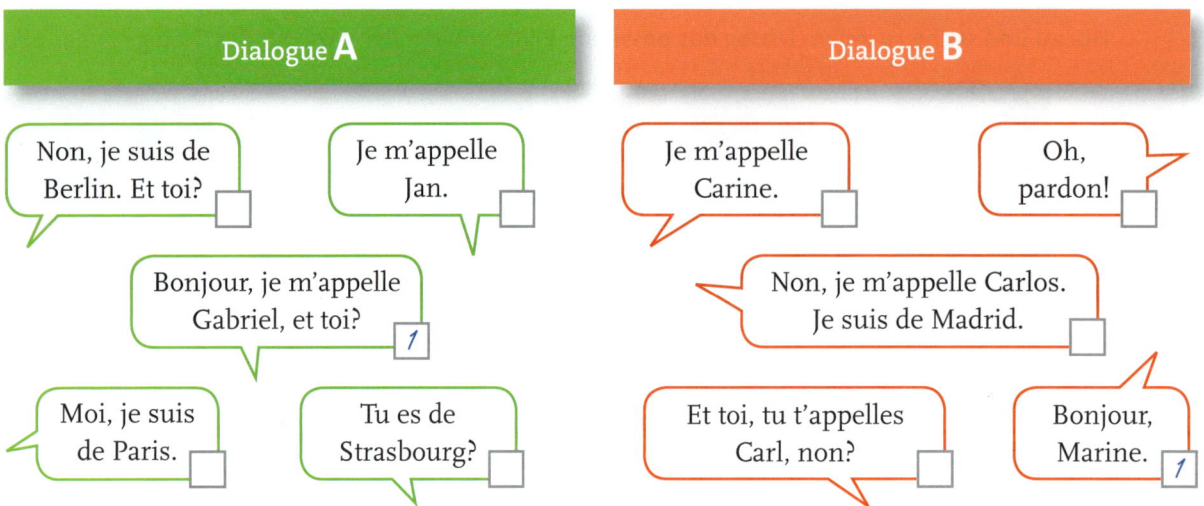

Dialogue **A**	Dialogue **B**

Non, je suis de Berlin. Et toi? ☐

Je m'appelle Jan. ☐

Bonjour, je m'appelle Gabriel, et toi? *1*

Moi, je suis de Paris. ☐

Tu es de Strasbourg? ☐

Je m'appelle Carine. ☐

Oh, pardon! ☐

Non, je m'appelle Carlos. Je suis de Madrid. ☐

Et toi, tu t'appelles Carl, non? ☐

Bonjour, Marine. *1*

Écouter et comprendre

2 Woher kommen die Schüler? Hör zu und schreibe die richtigen Orte auf die Schilder.

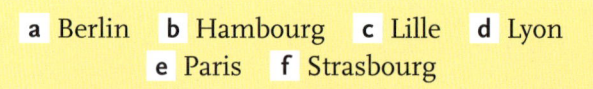

a Berlin   b Hambourg   c Lille   d Lyon
e Paris   f Strasbourg

Leonie   Mathéo   Alice   Faiza   Louis   Axel

Vocabulaire

3 Complète. | Löse das Kreuzworträtsel und finde das Lösungswort.

1. C'est la **1** . Voilà la **2** de sixième A. Et voilà Monsieur Martel, le **3** de **4** .
2. – Bonjour, Lara.
   – Je m' **5** Clara. Clara **6** un C.
   – Ah, **7** !

Lösungswort: ☐☐☐☐☐

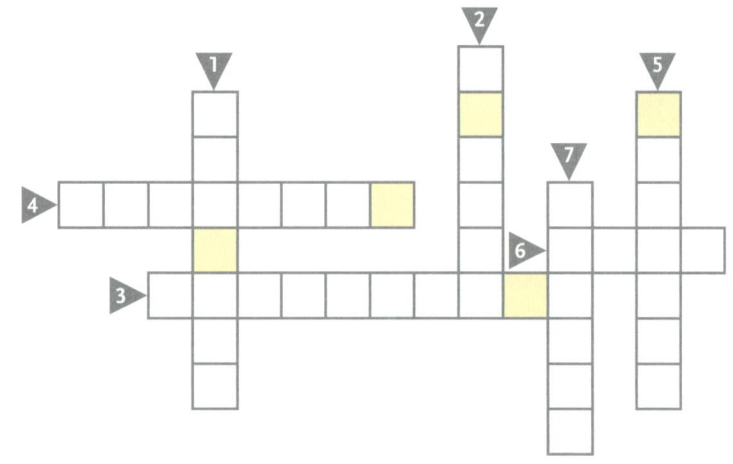

Grammaire

4 Complète. | Setze die richtigen Pronomen vor die Verbformen.

1. – C'est Lukas.

– _____ est de Strasbourg?

– Non, _____ est de Berlin.

2. – Léa est de Paris?

– Non, _____ est de Lille.

3. – _____ t'appelles Lola?

– Non, _____ m'appelle Laura.

5 Complète. | Ergänze mit den richtigen Formen von *être*. (▶Repères, p. 27/2)

– Salut, je m'appelle Clara et je _____ de Strasbourg. Et toi, tu _____ d'où?

– Je _____ de Colmar. Et Lukas?

– Il _____ de Berlin.

– Et là, c' _____ Yasmine. Elle _____ de Strasbourg!

Écrire

6 Complète les dialogues. | Vervollständige die Dialoge.

C'est _____, Paul?

Oui, c'est _____.

Tu t'_____ Lucie?

Non, je m'_____ Marie.

1

2

_____, Ben?

Oui.

Moi, je m'appelle Lucie, et _____?

Mehdi.

3

4

7 Écris le dialogue. | Schreibe den Dialog in dein Heft.

1. Du begrüßt eine neue Schülerin auf dem Schulhof und fragst sie, wie es ihr geht. → Sie begrüßt dich und antwortet.

2. Du fragst sie, ob sie Lora heißt. → Sie verneint und sagt, sie heißt Nora mit einem N.

3. Du sagst, wie du heißt und verabschiedest dich. → Sie verabschiedet sich auch.

VOLET 3

Lire et comprendre

1 **a** Vrai ou faux? | Richtig oder falsch? Lies den Text und kreuze die richtige Antwort an.

Salut Momo!

Ça va à Paris? C'est la rentrée à Strasbourg et c'est super! Karim, Jade et moi, on est ensemble en cinquième. Yasmine est en sixième. Elle est super cool! Le prof de français, bof, ça va. Il est nouveau à l'école. Et toi, la rentrée?

À plus!   Noah

---

		vrai	faux
1.	Momo ist in Straßburg.	☐	☐
2.	Karims Französischlehrer ist neu in der Schule.	☐	☐
3.	Noah ist in Yasmines Klasse.	☐	☐
4.	Jade und Yasmine sind zusammen in der *sixième*.	☐	☐
5.	Der Französischlehrer ist supercool.	☐	☐

b Corrige les phrases fausses dans ton cahier. | Korrigiere die falschen Sätze in deinem Heft.

Écouter et comprendre

2 Écoute et regarde les images. | Hör zu, schau dir die Bilder an und notiere zu jeder Situation den entsprechenden Buchstaben (A–F).

Grammaire

3 a Écris les mots avec l'article défini. | Schreibe die folgenden Nomen mit dem bestimmten Artikel *le, la* oder *l'* auf die richtige Karteikarte. Schreibe männliche Wörter *blau* und weibliche Wörter *rot*. Zwei Nomen passen auf beide Karteikarten!

classe
rentrée
professeur
école
garçon
fille
récréation
élève
surveillant
cour
ami
amie
sixième

♂

♀

la classe,

b Complète. | Ergänze die Sätze mit den richtigen Artikeln.

1. _____ garçon, c'est qui? Et _____ fille, c'est qui?

2. Yasmine et Clara sont dans _____ cour.

3. Clara est _____ amie de Yasmine.

4. Lukas est nouveau à _____ école.

5. Il est dans _____ classe de Clara.

6. Noah est _____ ami de Karim.

4 Singulier ou pluriel? | Singular oder Plural? Hör zu und notiere die korrekte Form.

1. _____ surveillant___

2. _____ professeur___

3. _____ élève___

4. _____ classe___

5. Voilà Clara et Lara. _____ sont en sixième.

6. Voilà Maxime. _____ est à _____ école___, à Strasbourg.

7. Les deux garçons là, _____ sont en cinquième?

8. Voilà Madame Lalère. _____ est nouvelle.

5 Complète. | Ergänze die Sätze mit den Formen von *être*. (▶ Repères, p. 27/2)

1. – Salut, tu _____ à l'école Maxime Alexandre?

– Oui. Et je _____ en 6ème.

2. – Bonjour. Vous _____ Monsieur Duval?

– Non, je _____ Monsieur Moulin.

3. – Bonjour, vous _____ les élèves de la 5ème A?

– Non, nous _____ en 5ème B.

Vocabulaire

6 Trouve les douze mots. | Finde die zwölf versteckten Nomen, die alle mit Schule zu tun haben, und schreibe sie mit dem bestimmten Artikel auf. (▶ Liste des mots, p. 194)

S	U	R	V	E	I	L	L	A	N	T
I	M	É	M	S	O	R	G	I	O	C
C	O	C	A	T	F	I	A	M	F	I
L	S	R	U	L	I	P	R	I	R	N
A	I	É	C	O	L	E	Ç	R	A	Q
S	X	A	I	D	L	U	O	T	N	U
S	I	T	X	U	E	I	N	A	Ç	I
E	È	I	É	L	È	V	E	H	A	È
A	M	O	D	I	C	O	U	R	I	M
R	E	N	T	R	É	E	B	A	S	E

_____   _____

_____   _____

_____   _____

_____   _____

_____   _____

_____   _____

Apprendre à apprendre

7 Trouve le mot français. | Schreibe unter die Fotos das passende französische Wort.
(▶ Méthodes, p. 182/18)

> le bus
> le parc
> le smartphone
> le cinéma
> le tee-shirt

_____   _____

_____   _____   _____

Parler

8

> Fais le tandem, p. 78 avec ton/ta partenaire.

Regarder et comprendre

9

> Va sur le site scook.de/bayern et tape le code, page 1.
> Regarde le film et fais l'exercice p. 87.

Écrire

10 Ajoute les accents. |
Alle Akzente fehlen.
Füge sie hinzu.

1. la rentree
2. la recreation
3. vous etes
4. l'ecole
5. les eleves
6. la sixieme
7. la cinquieme

11 *ou* [u] **ou** *u* [y]**? Complète.** | Ergänze die fehlenden Buchstaben.

– Bonj_____r, bonj_____r!

– Sal_____t! Ça va?

– V_____s êtes dans la c_____r?

– S_____per et toi?

12 Karim hat sich einen Spaß gemacht und dir eine verschlüsselte E-Mail geschickt. Entschlüssele sie und schreibe sie auf.

Salut, ça va? Je m'appelle Karim.
Je suis de Strasbourg. Et toi?

_____

_____

13 Finde passende Fragen zu den vorgegebenen Antworten. Es gibt mehrere Möglichkeiten.

1. _____ ? Non, je suis en sixième B.

2. _____ ? C'est l'ami de Noah.

3. _____ ? Je m'appelle Kristelle.

4. _____ ? Super. Et toi?

5. _____ ? Non, ils sont en cinquième.

6. _____ ? C'est Monsieur Martel,
le professeur de français.

Hier kannst du überprüfen, ob du die Redewendungen, die Vokabeln und die Grammatik der *Unité 1* beherrschst. Löse die folgenden Aufgaben ohne Hilfen und überprüfe deine Ergebnisse auf S. 92.

1 Qu'est-ce qu'on dit?

a **Du bist in Straßburg an einer Schule.**

1. Du begrüßt deinen Lehrer / deine Lehrerin.

_____

_____

2. Du stellst dich vor.

_____

3. Du sagst, woher du kommst.

_____

4. Du sagst, dass du neu in Straßburg bist.

_____

_____

5. Der Lehrer fragt dich etwas und du antwortest: „Ich weiß nicht."

_____

b **In der Pause unterhältst du dich mit einem Schüler auf dem Schulhof.**

1. Du fragst ihn, wie er heißt.

_____

2. Du fragst ihn, wie es ihm geht.

_____

3. Du fragst ihn, ob er aus Straßburg kommt.

_____

4. Du fragst ihn, ob er in die *sixième A* geht.

_____

2 Wortschatz / Der bestimmte Artikel

Finde die Nomen in der Schlange wieder und schreibe sie mit dem bestimmten Artikel im Singular oder im Plural auf.

PROFESSEURÉCOLEFILLEAMISCLASSEGARÇONSCOURÉLÈVESAMIESSURVEILLANTRENTRÉERÉCRÉATION

1. _____

2. _____

3. _____

4. _____

5. _____

6. _____

7. _____

8. _____

9. _____   11. _____

10. _____   12. _____

3 Das Verb *être*

Complète.

Tu _____ en sixième?

Non, je _____ en cinquième.

Vous _____ le professeur?

Non, je _____ le surveillant.

Vous _____ les élèves de Monsieur Martel?

Oui, nous _____ dans la classe de Monsieur Martel.

Ils _____ dans la classe de Karim?

C'_____ l'amie de Clara.

Yasmine, c'_____ qui?

Alors Noah, oui, il _____ en cinquième avec Karim. Yasmine, non. Elle _____ en sixième.

4 Das Personalpronomen und das Verb *être*

Grammaire mixte: Complète. | **Ergänze. Verwende die Personalpronomen** *(je, tu, il, elle, …)* **und die Formen des Verbs** *être*.

1. – Moi, je suis Fata. Et toi, _____ _____ Simon?

   – Non, _____ _____ Samuel.

2. – Noah _____ dans la classe de Yasmine?

   – Non, _____ _____ dans la classe de Jade.

3. – Clara et Lara, vous _____ dans la classe de Théo?

   – Oui, _____ _____ ensemble.

4. – Clara et Yasmine _____ en sixième?

   – Oui, _____ _____ en sixième A.

5. – Et Théo et Lukas?

   – _____ _____ aussi en sixième A.

6. – Noah et Jade _____ avec Karim?

   – Oui, _____ _____ ensemble en cinquième B.

VOLET 1

Vocabulaire

1 Complète. | Löse das Kreuzworträtsel.
(▶ Liste des mots, p. 199)

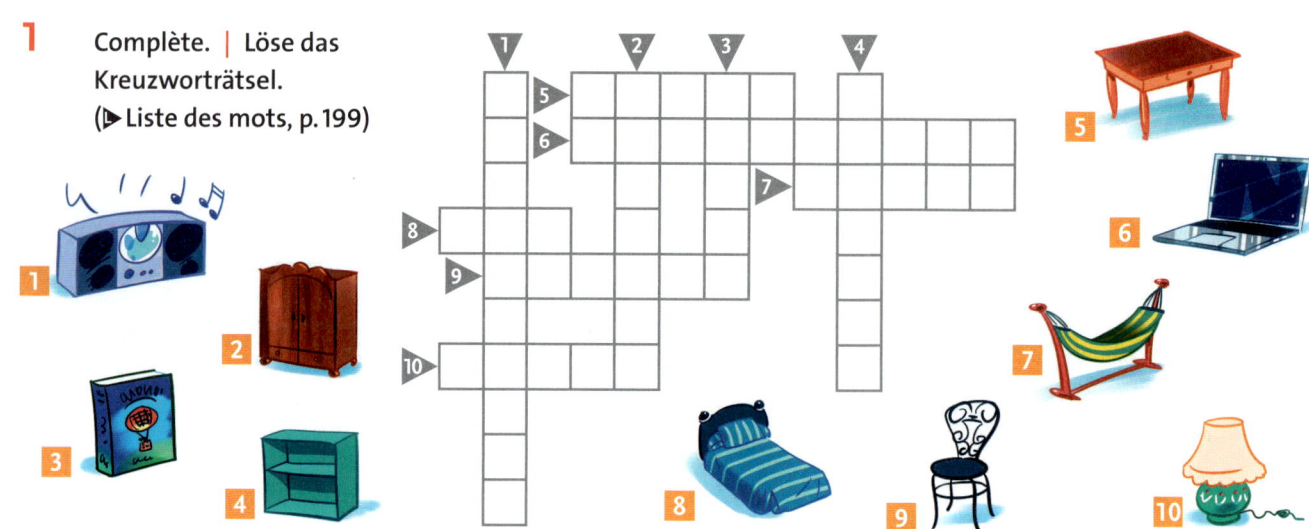

Apprendre à apprendre

2 Wörter kannst du dir besser merken, wenn du einen oder zwei Buchstaben so zeichnest, dass du sofort weißt, was die Wörter bedeuten.

a Complète.
Utilise *un* ou *une*.

_____ RMOIRE   _____ stylo

b À toi. | Zeichne Wörter wie in **a** und verwende den unbestimmten Artikel *un* oder *une*.

| ordinateur   lit   guitare   table   ___ |

Grammaire

3 Schreibe die folgenden Wörter mit dem unbestimmten Artikel im Singular *un*/*une* in den richtigen Sack.

des tables
des chaises   des lits
des lampes
des hamacs
des photos
des ordinateurs
des posters
des minichaînes
des professeurs
des amis   des étagères
des livres   des bédés
des armoires
des amies

4 Qu'est-ce qu'il y a dans la vitrine? Utilise *il y a* et un nom au pluriel. | Was ist im Schaufenster zu sehen? Verwende *il y a* und ein Nomen im Plural. Denke an den unbestimmten Artikel im Plural!

Il y a des _____

_____

_____

_____

_____

_____

Médiation

5 Dein Freund, der kein Französisch versteht, möchte wissen, worum es in dieser Zeitschrift geht. Schau dir den Umschlag dieser französischen Jugendzeitschrift genau an und nenne ihm mindestens zwei Themen.

_____

_____

_____

_____

_____

Écrire

6 a Der Jugendliche auf dem OKAPI-Umschlagfoto (▶ exercice **5**) zeigt sein Zimmer. Beschreibe es. Welche Gegenstände kannst du schon benennen? Verwende dabei den unbestimmten Artikel: *un*/*une*, *des*.

Dans la chambre de Jérémy, il y a _____

_____

_____

b Vervollständige die Beschreibung in **a**. Wenn du ein Wort suchst, das du noch nicht kennst, kannst du es nachschlagen. (▶ Banque de mots, p. 192 / Dictionnaire en ligne, p. 193)

VOLET 2

Lire et comprendre

1 Relis le texte, p. 36 dans ton livre, lis les phrases, compare et corrige les phrases. | Lies die Sätze und vergleiche sie mit dem Text im Buch auf S. 36. Korrigiere die Sätze in deinem Heft.

1. Le shampoing est dans le placard.
2. Les biscuits sont sur l'étagère.
3. Les clés sont dans la cuisine.
4. Le CD de ZAZ est sur la table.
5. La télécommande est sous la chaise.

Vocabulaire

2 Où sont les bédés d'Alexandre? | Alexandre sucht seine Comics. Vervollständige die Sätze. (▶ Liste des mots, p. 200)

Elles sont dans ma chambre?

Elles sont dans _____?

Elles sont dans _____?

Elles sont dans _____?

Elles sont dans _____?

Ah! Elles sont dans _____!

Grammaire

3 a Relie. | Verbinde die Fragen mit den passenden Antworten.

Où sont les étagères? **1**　　**a** Ils sont sur les étagères.
Où est le globe? **2**　　**b** Elles sont dans la salle de classe, à droite.
Où est l'armoire? **3**　　**c** Il est dans l'armoire, à droite.
Où sont les livres? **4**　　**d** Elle est dans la classe, à gauche.

b Dessine. | Zeichne eine Skizze des Klassenraumes nach den Angaben von **a**. Vergleiche mit deinem Partner / deiner Partnerin.

4 a Utilise *Où est / Où sont*. | Schreibe die Fragen in dein Heft.

1. Clara　2. Théo et Lukas　3. Jade et Noah
4. les clés　5. la télécommande　6. le lit

1. Où est Clara?

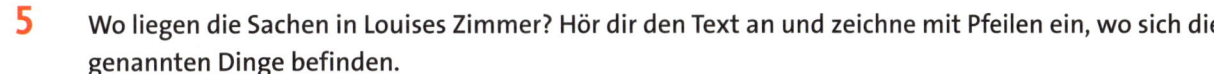

b Réponds aux questions de **a**. Utilise *Il est / Elle est / Ils sont / Elles sont*. | Beantworte die Fragen. Schreibe in dein Heft.

> 1. chez Yasmine   2. à l'école   3. dans la cour
> 4. sous la table   5. sur l'étagère   6. à droite

1. Elle est chez Yasmine.

c À toi. Écris encore trois questions et trois réponses dans ton cahier. | Schreibe drei weitere Fragen und Antworten wie in **a** und **b** in dein Heft.

Écouter et comprendre

5 Wo liegen die Sachen in Louises Zimmer? Hör dir den Text an und zeichne mit Pfeilen ein, wo sich die genannten Dinge befinden.

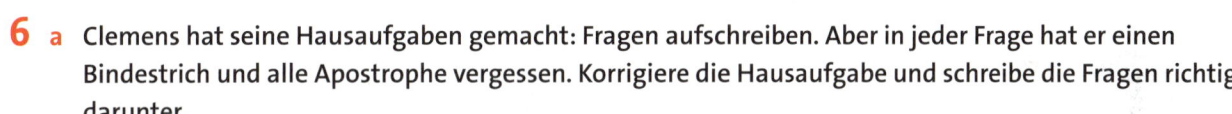

Écrire

6 a Clemens hat seine Hausaufgaben gemacht: Fragen aufschreiben. Aber in jeder Frage hat er einen Bindestrich und alle Apostrophe vergessen. Korrigiere die Hausaufgabe und schreibe die Fragen richtig darunter.

1. Qu est ce qu il y a dans l armoire de Louis?

_____

2. Qu est ce qu il y a derrière l ordinateur?

_____

3. Qu est ce qu il y a dans l appartement?

_____

b Sarah hat in ihrer Hausaufgabe alle *accents* vergessen. Korrigiere ihre Sätze und schreibe die Wörter richtig daneben.

1. Ou sont les etageres?   _____

2. Ou est la minichaine?   _____

3. Ou est la telecommande?   _____

7 Écoute et complète. | Hör dir die beiden Sätze an und vervollständige sie.

1. Mam_____ est d_____ la salle de b_____.

2. Sim_____ et Alb_____ s_____ _____semble _____ c_____quième.

Apprendre à apprendre

8 Apprends les prépositions. | Lerne die Präpositionen mit einem Bild: Schreibe die Präpositionen an den passenden Ort.

sur	sous
derrière	devant
à droite	à gauche
dans	entre

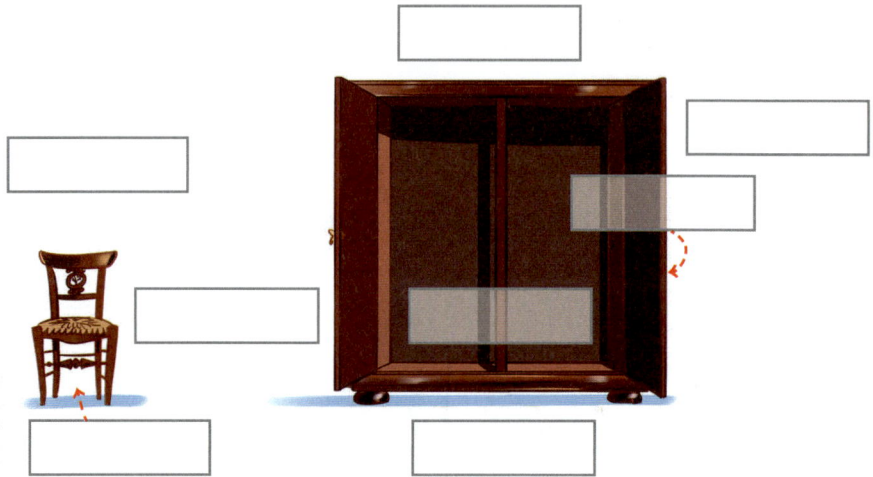

Écrire

9 Compare les deux dessins. | Vergleiche die beiden Zeichnungen und finde die sieben Unterschiede heraus. Schreibe in dein Heft.

1. les livres   2. la guitare   3. la collection de figurines   4. le globe   5. les stylos
6. les clés   7. la minichaîne

1. À gauche, les livres sont sur l'étagère, entre le globe et les figurines.

À droite, les livres sont sur la table, devant l'ordinateur.

Parler

10

Fais le tandem, p. 79 avec ton/ta partenaire.

VOLET 3

Lire et comprendre

1   Qu'est-ce qui va ensemble? Relie. | Was passt zusammen? Verbinde.   (▶ Texte, p. 39)

Yasmine rentre	**1**	**a**	un CD.
Yasmine écoute	**2**	**b**	à la maison.
Yasmine chatte	**3**	**c**	une partie de cartes.
Karim et Noah regardent	**4**	**d**	avec des copines.
Yasmine et Zohra jouent	**5**	**e**	la télé.

Écouter et comprendre

2   Vrai ou faux? | Hör dir den Text an, lies die Sätze und kreuze an, welche Aussagen richtig
und welche falsch sind.
Korrigiere dann die falschen Sätze. Schreibe in dein Heft.

         vrai   faux

1. Yasmine est dans la cuisine.   ☐ ☐
2. Yasmine téléphone.   ☐ ☐
3. Zorah est dans la salle de séjour avec Karim et Bilal.   ☐ ☐
4. Zorah regarde la télé avec Karim et Bilal.   ☐ ☐

Grammaire

3   Complète. | Ergänze die fehlenden Verbformen.   (▶ Repères, p. 45/2)

1. – Yasmine, tu _____ avec moi? – Non, je _____. (*jouer; travailler*)

2. – Et Karim? Il _____ aussi? (*travailler*)

3. – Les garçons sont dans la salle de séjour. Ils _____ un CD. (*écouter*)

4. – Les garçons, vous _____ la télé avec moi? (*regarder*)

   – Non, nous _____ un CD. (*écouter*)

4   **Grammaire mixte: Complète par un verbe** ● **ou par une préposition** ▲.   (▶ Repères, p. 45/2)

– Clara, qu'est-ce que tu f_____ ● après l'école?

– Je rentre _____ ▲ la maison et je

   t_____ ●. _____ ▲ les devoirs,

   j'é_____ ● des CD.

– Et Alexandre? Il chatte _____ ▲ des copains

   ou il c_____ ● des informations?

– Il r_____ ● la télé et nous

   j_____ ● sur l'ordinateur ensemble.

– Et Yasmine et Karim? Ils r_____ ●

   aussi _____ ▲ la maison?

– Oui, après l'école, ils j_____ ● une

   partie de cartes ou _____ ▲ Zohra.

5 Complète. Utilise l'impératif. | Ergänze. Verwende den Imperativ. (▶ Repères, p. 45/3)

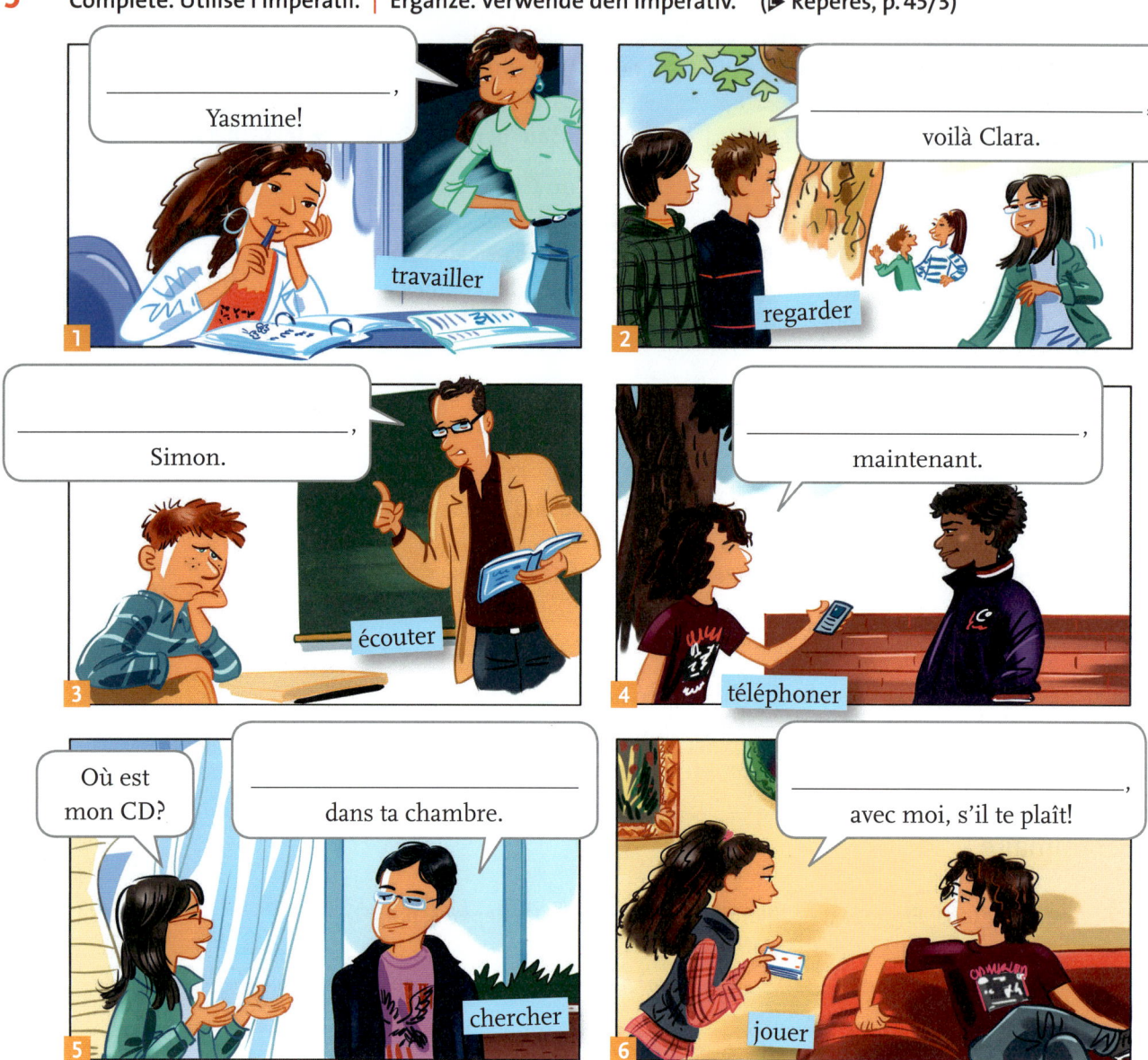

Vocabulaire

6 a Trouve les dix verbes. Écris-les. | Finde die zehn Verben wieder. Schreibe sie auf.
(▶ Liste des mots, p. 201)

T	T	R	A	V	A	I	L	L	E	R
É	R	E	N	T	R	E	R	M	E	E
L	J	F	L	A	P	O	I	F	D	G
É	H	É	C	O	U	T	E	R	S	A
P	E	R	H	V	E	R	N	R	J	R
H	C	H	A	T	T	E	R	U	O	D
O	V	Z	N	R	Ê	V	E	R	U	E
N	I	F	T	H	S	H	N	O	E	R
E	C	H	E	R	C	H	E	R	R	L
R	M	I	R	L	A	P	O	E	S	M

1. _____ 6. _____

2. _____ 7. _____

3. _____ 8. _____

4. _____ 9. _____

5. _____ 10. _____

b Écris une phrase dans ton cahier avec chaque verbe de **a**. | Schreibe mit jedem Verb von **a** einen Satz in dein Heft. (▶ Repères, p. 45)

Apprendre à apprendre

7 Verstecke Wörter in einem Wortgitter für deine Mitschüler/innen. Denke auch an die Lösung, damit du deine Mitschüler/innen korrigieren kannst. (▶ Apprendre à apprendre, p. 41/7; Liste des mots, p. 194–204)

1. _____   6. _____

2. _____   7. _____

3. _____   8. _____

4. _____   9. _____

5. _____   10. _____

Écrire

8 Corrige les fautes et écris la phrase correcte. | Streiche das falsche Wort durch und schreibe den korrekten Satz auf.

1. Tu t'appelles Lucas `ou` / `où` Lukas?

_____

2. `Qu'est-ce qu'` / `Qu'est-ce que` tu fais après

l'école?

_____

_____

3. `Ou` / `Où` sont `les` / `le` biscuits?

_____

4. Nous jouons une partie `de` / `des` cartes.

_____

5. `Qu'est-ce qu'` / `Qu'est-ce que` il y a sur

`là` / `la` table?

_____

_____

6. Tu es `là` / `la` ?

_____

7. Noah est `le` / `les` copain de Karim.

_____

8. Sur l'étagère, il y a `des` / `de` pierres.

_____

Regarder et comprendre

 9

Va sur le site scook.de/bayern et tape le code, page 1.
Regarde le film et fais l'exercice p. 87–88.

1   Qu'est-ce qu'on dit?

Comment est-ce que tu dis cela en français? | **Wie sagst du auf Französisch, dass ...**

1. es einen Schrank und eine Hängematte in deinem Zimmer gibt.

_____

_____

2. die Fernbedienung auf dem Regal ist.

_____

_____

3. jemand bitte mit dir spielen soll.

_____

_____

4. du jetzt nicht kannst: du arbeitest.

_____

_____

2   Wortschatz

Retrouve les dix noms et écris-les avec l'article indéfini. | **Finde die zehn Nomen wieder und schreibe sie mit dem unbestimmten Artikel auf.**

ar   commande   cuit   bis   gère   chain   ordi   moire   sty   mini   lo   bre   nateur   ment   télé   tion   collec   éta   apparte   chaîne

_____

_____

_____

_____

_____

_____

_____

_____

3   Ortsangaben

Regarde la chambre de Louise et complète. | **Schau dir Louises Zimmer an und vervollständige die Beschreibung.**

Dans la chambre de Louise, il y a des

bédés et des biscuits _____

le lit. Les CD sont _____ la

table et les stylos _____

l'ordinateur. La minichaîne est _____ l'armoire, _____ et les livres

_____ . La guitare est _____ l'armoire. Le shampoing est

_____ l'étagère _____ les pierres et la lampe.

4 Die unbestimmten Artikel und die Nomen im Plural

Qu'est-ce qu'il y a dans la cour? Décris. Utilise
un/*une*/*des* …

Dans la cour, il y a _____

_____

_____

_____

_____

_____

_____

5 Der bestimmte und der unbestimmte Artikel

Grammaire mixte: Complète. Utilise l'article défini ou indéfini. | Setze einen bestimmten oder einen unbestimmten Artikel ein.

Voilà _____ chambre. C'est _____ chambre de Léon. Dans _____ chambre de Léon, il y

a _____ coin bédé avec _____ posters et _____ collection de figurines. Et sur l'étagère,

il y a _____ collection de bédés de Léon.

6 Die Verben auf *-er*

Complète. Setze die passenden Verbendungen ein.

1. Yasmine travaill_____ avec Clara. Après, elles écout_____ des CD et chant_____ .

2. – Vous cherch_____ des informations sur Internet avec moi?

   – Non, pas maintenant. Nous travaill_____ .

3. – Tu regard_____ des photos ? – Oui, je cherch_____ des photos de l'école.

4. – On écout_____ un CD ensemble ? – Non! Tu m'énerv_____ ! Je téléphon_____ .

5. Les garçons regard_____ la télé. Après, Karim jou_____ avec Zorah.

VOLET 1

Vocabulaire

1 Retrouve les noms et utilise *le, la, l'*. | Bringe die Buchstaben in die richtige Reihenfolge und schreibe die Wörter mit dem bestimmten Artikel *le, la, l'* auf.

1. èrme   2. rèep   3. osinuc   4. drang-erèp   5. lifle   6. sifl

7. rusœ   8. conle   9. grnad-emrè   10. netat   11. isonuce   12. rèref

1. _____   2. _____   3. _____

4. _____   5. _____   6. _____

7. _____   8. _____   9. _____

10. _____   11. _____   12. _____

Grammaire

2 Complète. Utilise *mon, ma* ou *mes*.   (▶ Repères, p. 66/1)

Dans _____ chambre, il y a un coin photos. Sur une photo, il y a _____ parents. Ils sont à

Paris avec _____ sœur. Il y a aussi une photo avec _____ père et _____ tante Charlotte.

Ils sont chez _____ grands-parents. Il y a une photo avec _____ oncle Mario, _____ mère,

_____ cousine Lorette et _____ grand-père. Ils sont chez _____ arrière-grand-mère à Nice.

Il y a aussi une photo de _____ cousines Germaine et Léonie. Elles sont dans _____ chambre,

devant _____ coin photos.

VOLET 2

Vocabulaire

1 Regarde la carte et complète. Utilise *à*, *entre*, *en*, *près de*.

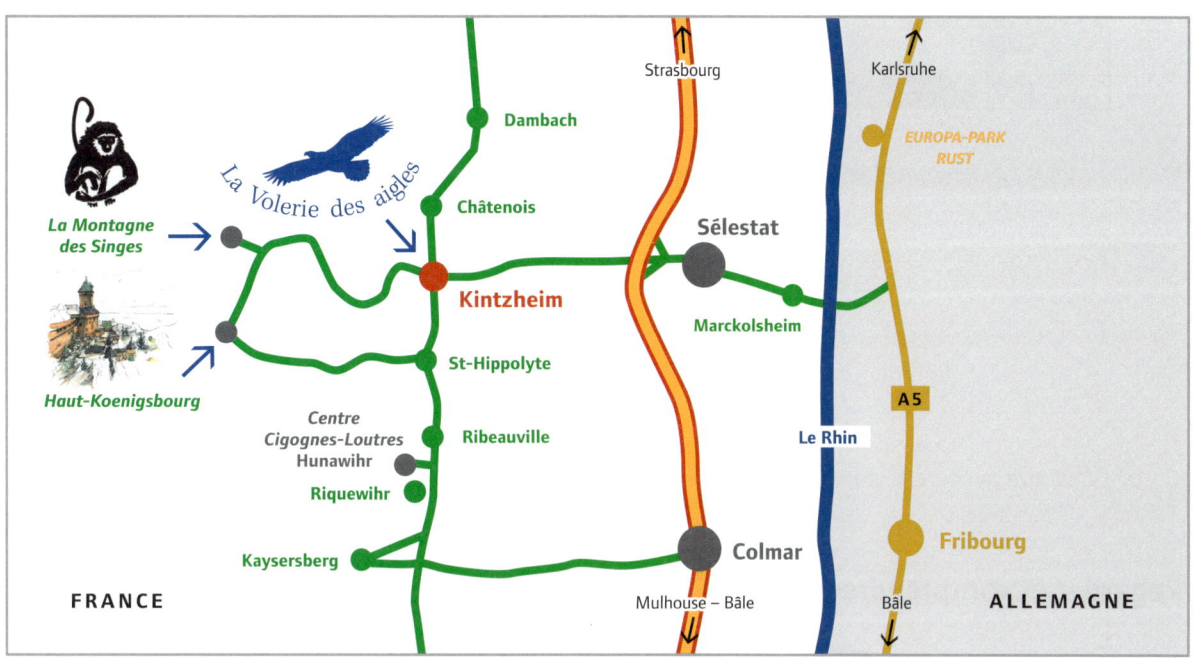

La Volerie des aigles¹ est _____ France, _____ Kintzheim. Kintzheim est

_____ Sélestat. Sélestat est _____ Colmar et Strasbourg. Le «Europa-Park» est

_____ Allemagne, _____ Rust. Rust est _____ Karlsruhe et Fribourg.

Le Rhin est _____ la France et l'Allemagne. Et la Montagne des singes²? Elle est aussi

_____ France, _____ la Volerie des aigles.

1 **la Volerie des aigles** der Greifvogelpark   2 **la Montagne des singes** der Affenberg

2 Relie. | Leon unterhält sich mit seinem französischen Freund Alex. Leon spricht Deutsch, Alex versteht ihn, antwortet jedoch auf Französisch. Was antwortet Alex? Verbinde.

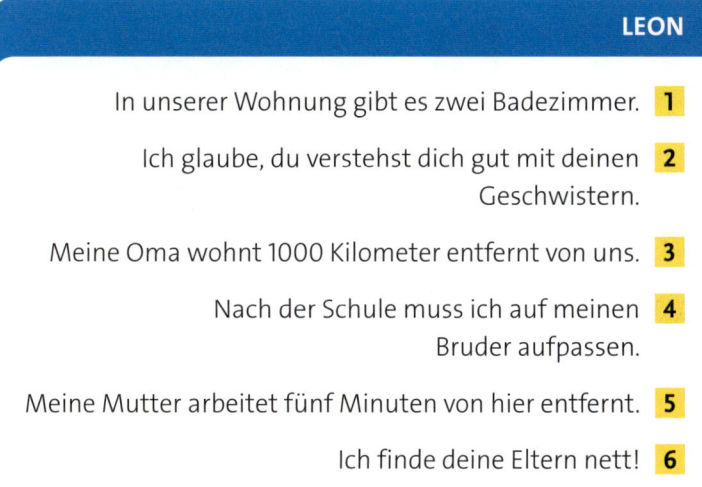

LEON		ALEX	
In unserer Wohnung gibt es zwei Badezimmer.	**1**	**a**	C'est loin!
Ich glaube, du verstehst dich gut mit deinen Geschwistern.	**2**	**b**	C'est pratique!
Meine Oma wohnt 1000 Kilometer entfernt von uns.	**3**	**c**	Mon père, ça va, mais ma mère ... elle m'énerve!
Nach der Schule muss ich auf meinen Bruder aufpassen.	**4**	**d**	C'est pénible, non?
Meine Mutter arbeitet fünf Minuten von hier entfernt.	**5**	**e**	Oui, on rigole bien!
Ich finde deine Eltern nett!	**6**	**f**	Alors, elle est vite à la maison!

Grammaire

3 **a** Forme les phrases. Utilise *ton, ta, tes* **et** *mon, ma, mes*. (▶ **Repères, p. 66/1**)

  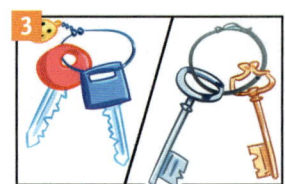 

1. *Voilà ta chambre et voilà ma chambre.* _____

2. _____

3. _____

4. _____

b **Continue avec** *frère, parents, sœur, amie, copains, copines, école*. **Écris les phrases dans ton cahier.**

Regarder et comprendre

4

Va sur le site scook.de/bayern et tape le code, page 1.
Regarde le film et fais l'exercice p. 88.

Écrire

5 Regarde l'album de photos de Gabriel et complète les commentaires. Imagine. | Stell dir vor, was Gabriel zu seinen Fotos erzählen könnte. Schreibe in dein Heft.

Là, c'est moi, Gabriel, je suis dans ___.

Et voilà ___. Ils sont ___.

VOLET 3

Lire et comprendre

1 C'est qui? Relis les textes p. 57 et réponds. | Lies die Texte auf S. 57 deines Buchs noch einmal durch und vergleiche. Von wem ist in den 6 Sätzen die Rede?   C'est

1. Il habite à Paris avec son père et son frère.   _____

2. Elle joue beaucoup avec ses frères et sœurs.   _____

3. Son père habite à Genève avec sa femme et les deux fils de sa femme.   _____

4. Ses sœurs ont 5 et 7 ans.   _____

5. Il est toujours dans sa chambre avec son hamster.   _____

6. Ses frères ont 18 et 20 ans.   _____

Écouter et comprendre

2 Écoute et complète. | Die Geschwister der Kinder, die die Leserbriefe auf S. 57 geschrieben haben, melden sich zu Wort. Lies die Briefe noch einmal durch und hör dir die Texte an. Ergänze die Sätze mit den richtigen Namen. Ein Name bleibt übrig.

1. Arthur est dans la famille de   _____.   Mathilde?

2. Rose est dans la famille de   _____.   Simon?

3. Clément est dans la famille de   _____.   Paul?   Jade?

Vocabulaire

3 Retrouve les nombres de *un* à *dix* dans la grille et complète. | Suche die Zahlen von eins bis zehn im Raster heraus und schreibe sie auf.

A	S	N	E	U	F	A	D	E	R
U	N	D	G	I	H	S	I	N	U
D	E	U	F	R	A	H	U	I	T
A	L	A	D	E	U	X	I	K	O
U	S	E	P	T	I	O	U	P	O
Q	U	A	T	D	I	X	S	I	Z
S	I	S	T	R	O	S	I	X	L
T	R	O	I	S	A	C	I	N	K
J	O	U	Q	U	A	T	R	E	S
C	I	N	Q	U	T	R	I	L	B

1. *un* _____   6. _____

2. _____   7. _____

3. _____   8. _____

4. _____   9. _____

5. _____   10. _____

4 Écris le numéro des pages de ton carnet jusqu'à *vingt* en toutes lettres. | Schreibe die Seitenzahlen dieses Arbeitsheftes bis zwanzig aus.   (▶ Les nombres en français, p. 189)

Grammaire

5 **Complète par** *mon, ma, mes, ton, ta, tes, son, sa, ses.* |
Lukas stellt Théo seine Familie vor. Ergänze den Dialog.

Lukas: Regarde. Là, c'est _____ père. Il parle

avec _____ tante Anna, c'est _____ sœur.

Théo: Et là, ce sont _____ grands-parents?

Lukas: Oui. Et les enfants entre _____ grand-père

et _____ grand-mère, ce sont _____ cousins.

Théo: Et là, c'est _____ mère?

Lukas: Oui. Et regarde, là c'est _____ cousine, Marie. Elle habite à Paris avec _____ père et

_____ belle-mère.

Théo: J'ai aussi un cousin à Paris! Il habite à Montmartre avec _____ parents et _____

grand-père.

6 **Grammaire mixte: Complète avec le verbe et l'article possessif.** | **Ergänze die Sätze mit der passenden Form des Verbs aus dem vorangehenden Satz und dem Possessivbegleiter.** (▶ La conjugaison des verbes, p. 190)

1. Le beau-père de Simon crie beaucoup. Et

   les parents de Zoé, ils _____*crient*_____ aussi?

2. – Tu habites à Illkirch?

   – Oui, et vous, vous _____ où?

3. Après l'école, Clara garde _____ sœur.

   Je _____ _____

   frère.

4. Clara rêve sur _____ lit. Et toi, tu

   _____ sur _____ lit?

5. Jade passe les vacances chez _____ père.

   Nous _____ le week-end

   ensemble.

6. – Yasmine, tu rentres avec _____ frère?

   – Non, aujourd'hui, il _____

   avec _____ copains, je

   _____ avec vous.

   – Super, on _____

   ensemble!

7 a **Retrouve les formes des verbes et complète la conjugaison.** (▶ La conjugaison des verbes, p. 190)

sommes|ai|essontavonsestasêtesontavezasuis

	être		avoir
je	_____	j'	_____
tu	_____	tu	_____
il/elle	_____	il/elle	_____
nous	*sommes*	nous	_____
vous	_____	vous	_____
ils/elles	_____	ils/elles	_____

b **Grammaire mixte: Complète.** | Ergänze Annabelles Brief mit den passenden Formen von *être* oder *avoir* und dem passenden Possessivbegleiter: meine/e ●, dein/e ✦ oder sein/e bzw. ihr/e ■.

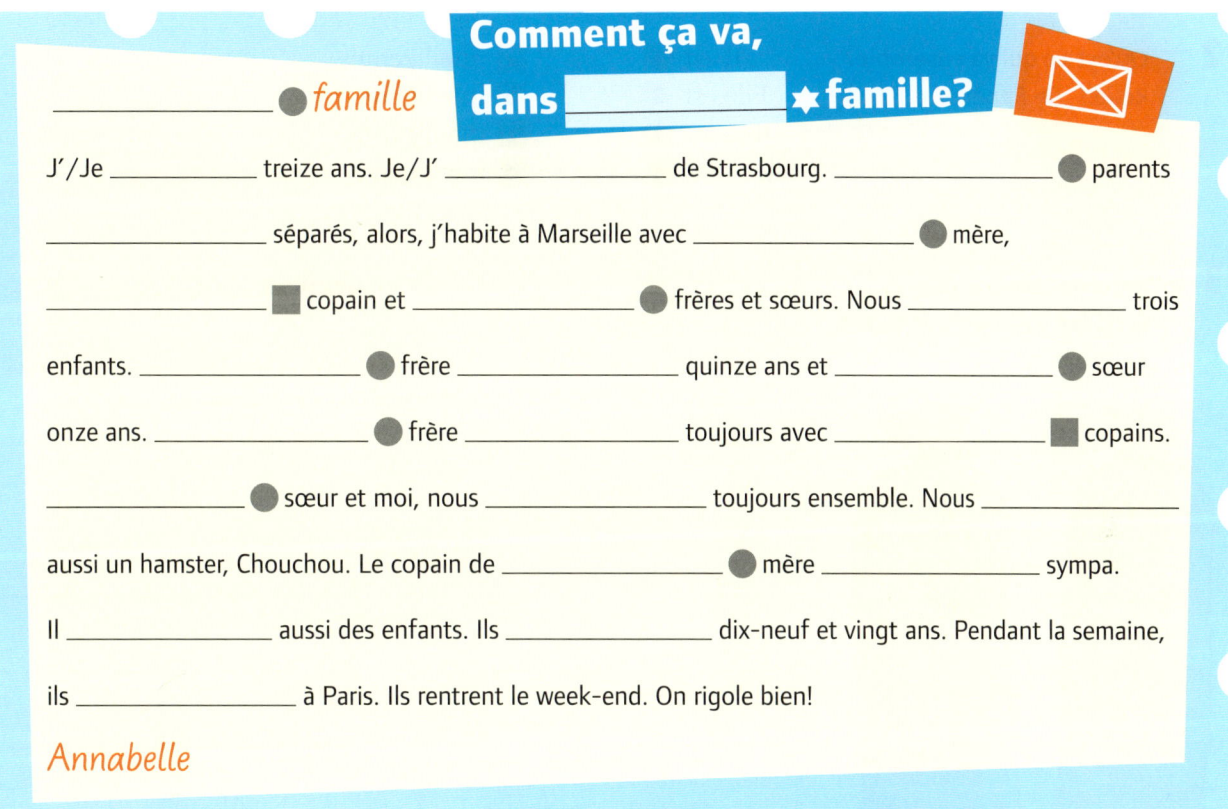

Comment ça va,

_____ ● *famille* | **dans** _____ ✦ **famille?**

J'/Je _____ treize ans. Je/J' _____ de Strasbourg. _____ ● parents _____ séparés, alors, j'habite à Marseille avec _____ ● mère, _____ ■ copain et _____ ● frères et sœurs. Nous _____ trois enfants. _____ ● frère _____ quinze ans et _____ ● sœur onze ans. _____ ● frère _____ toujours avec _____ ■ copains. _____ ● sœur et moi, nous _____ toujours ensemble. Nous _____ aussi un hamster, Chouchou. Le copain de _____ ● mère _____ sympa. Il _____ aussi des enfants. Ils _____ dix-neuf et vingt ans. Pendant la semaine, ils _____ à Paris. Ils rentrent le week-end. On rigole bien!

Annabelle

Écrire

8 Et toi, comment ça va, dans ta famille? Écris une lettre comme Mathilde, Paul, Jade … Tu peux aussi inventer une famille. | Schreibe einen Brief wie Mathilde, Paul, Jade, … Du kannst auch eine Familie erfinden.   (▶ Textes, p. 57)

_____

_____

_____

VOLET 4

Écouter et comprendre

1 Regarde les dessins et écoute. Qu'est-ce qui va ensemble? Note. | Ordne zu. Nicht alle Sprecher haben ein Tier und nicht alle Tiere haben einen Besitzer!

a Astrid   b Charles   c Florian   d Zoé   e Mélanie   f Abdel

1 ☐   2 ☐   3 ☐   4 ☐   5 ☐   6 ☐

Grammaire et vocabulaire

2 Qu'est-ce qui va ensemble? Relie. (▶ Repères, p. 67/3)

Il est	**1**	**a** intelligentes.
Elle est	**2**	**b** intelligent.
Ils sont	**3**	**c** intelligente.
Elles sont	**4**	**d** intelligents.

3 a Retrouve les adjectifs et écris-les. Puis, note la forme au féminin.

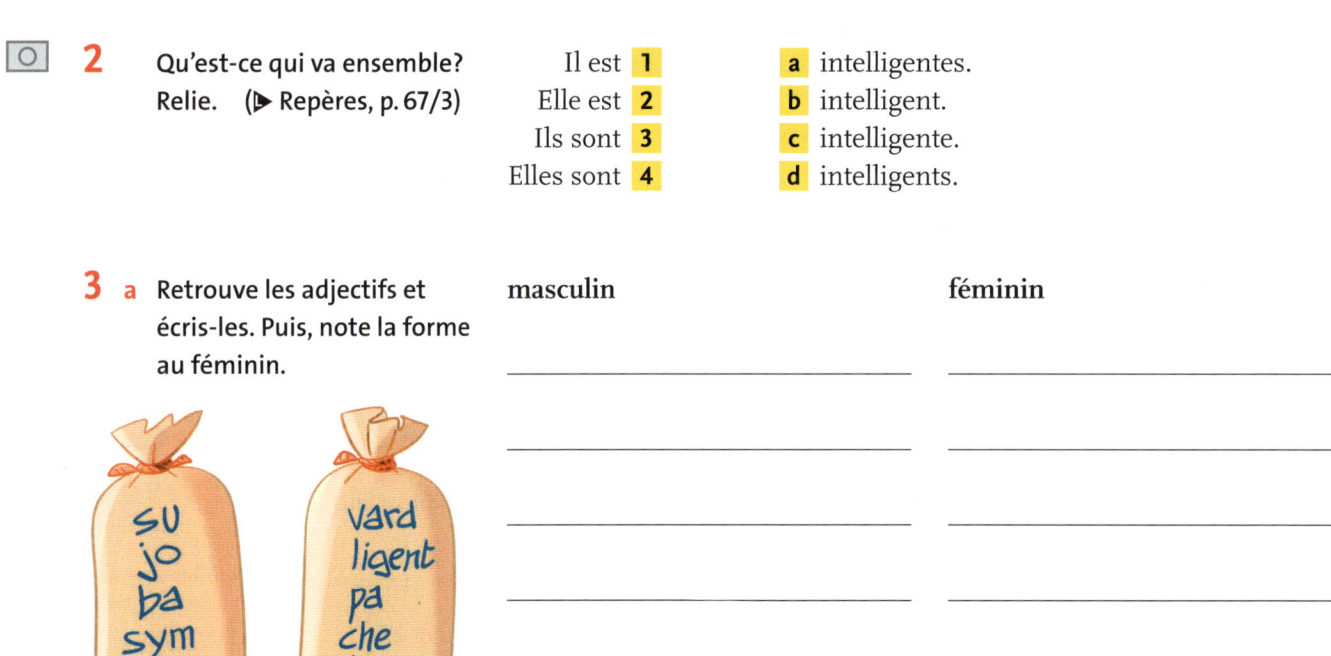

masculin   féminin

_____   _____

_____   _____

_____   _____

_____   _____

_____   _____

_____   _____

_____   _____

b Complète. Utilise des adjectifs de **a**. Attention à l'accord! | Achte auf die Angleichung des Adjektivs!

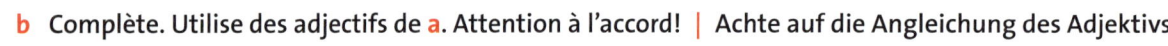

1 Il est   **2** La fille est   **3** Ils sont

_____.   _____.   _____.

4 Le chien est   **5** Elle est   **6** Elles sont

_____.   _____.   _____.

Regarder et comprendre

  4

> Va sur le site scook.de/bayern et tape le code, page 1.
> Regarde le film et fais l'exercice p. 88.

Parler

5 Prépare le dialogue p. 80 et joue-le en classe.
(▶ Méthodes, p. 179)

Médiation/Écrire

6 a Deine Tante meint, das sei eine Werbung für einen Zoo. Schau dir das Plakat an und sage ihr, worum es sich tatsächlich handelt.

Les aventures d'un poussin malin

Un film de Claudine Martot
Avec la voix d'André Simenon

b Décris l'image. | Beschreibe das Bild in deinem Heft. Dazu kannst du folgende Redemittel benutzen:

À droite / À gauche Devant/Derrière ___ Dans ___	il y a ___. Le ___ / La ___ est	adorable, sympa. joli/e, cool. moche.	le poussin[1] le cheval[2] la plaque[3] pousser qn[4]

Weitere Vokabeln kannst du auch in einem Wörterbuch nachschlagen.

1 **le poussin** das Küken   2 **le cheval** das Pferd   3 **la plaque** die Pfütze   4 **pousser qn** jdn schubsen

7 Retrouve les questions de Djamel. Utilise *Quel est ___ ? / Quelle est ___ ?* ou *Quels sont ___ ? / Quelles sont ___ ?* | Pierre unterhält sich mit Djamel. Schreibe die Fragen auf, die Djamel gestellt hat. Verwende *Quel est ___ ? / Quelle est ___ ?* oder *Quels sont ___ ? / Quelles sont ___ ?* (▶ Repères, p. 67/4)

1. _____

Mon film préféré, c'est «Twilight».

2. _____

Mes bédés préférées? Ce sont Astérix et Tintin.

3. _____

Ma musique préférée? J'adore Stromae et Zaz.

4. _____

Mes livres préférés, ce sont «Harry Potter» et «Le Petit Prince».

1 Die Verben *lire* und *écrire*

Grammaire mixte: Complète. | Vervollständige die Sätze mit den Formen der Verben *lire* und *écrire*.

Karim: Théo, qu'est-ce que tu _____, après l'école sur ton lit?

Théo: Moi, je _____ des bédés. Et toi et ta sœur, vous _____ beaucoup?

Karim: Yasmine _____ beaucoup mais moi, je chante avec Noah et j'_____ des textes.

Théo: Les filles _____ toujours beaucoup ... Est-ce que Noah _____ aussi des textes?

Karim: Oui, Noah et moi, nous _____ des textes ensemble.

Théo: C'est cool! Vous _____ aussi le rap pour le collège?

Noah: Non, les élèves de la 5ᵉ A _____ «le rap du collège» avec le prof de musique.

2 Wortschatz

Complète.

Le **1** et la **2** de Clara
ont un bar à jus de fruits.
Le week-end, ils **3**
aussi à la Vitamine C et
rentrent **4** .
Alors Clara, son
5 Alexandre et sa
6 Camille **7** le week-
end avec les **8** .
Ils **9** aussi à Strasbourg,
c'est **10** .
Et Filou, c'est qui? C'est
le **11** de Lukas?
Non, c'est le **12** de Clara.

3 Die Verben *être* und *avoir*

Grammaire mixte: Complète. | Vervollständige die Sätze mit den Formen von *avoir* oder *être*.

Salut, moi c'_____ Ambre! J'_____ 13 ans. Je _____ en cinquième, dans une école de

Strasbourg. À la maison, nous _____ trois enfants. J'_____ un frère et une sœur,

Arthur et Anabelle. Ils _____ 14 et 15 ans. Ils _____ cool. Mon frère _____ dans un groupe

de rock. Ma sœur et moi, nous _____ une collection de bédés. Il y _____ aussi Toby, le

chien. Et vous, vous _____ des frères et sœurs? Vous _____ aussi de Strasbourg?

4 Die Possessivbegleiter

Complète. Utilise *mon, ma, mes, ton, ta, tes, son, sa, ses.*

Salut Laurie!

Voilà des photos de _____ école. Les filles et les garçons, ce sont _____ copains. Il y a Fiona et Jil.

Fiona est toujours avec _____ guitare et Jil avec _____ bédés. Entre _____ deux copines, c'est

Mehdi avec _____ frère Sami. Il est très sympa aussi. Il n'est pas dans _____ classe, mais en

cinquième.

Toi et _____ parents, ça va? _____ adresse, c'est toujours

3, place Bellecour à Lyon? J'ai toujours _____ livre sur les animaux!

À plus, _____ copine, Sara.

5 Das Adjektiv

Mets les noms et les adjectifs à la forme correcte. | Ergänze mit den Nomen und den Adjektiven in der richtigen Form.

1. Le _____ de Lukas est _____. (chien / intelligent)

2. Mes _____ sont _____. (frère et sœur / bavard)

3. La _____ de Léo est _____. (chambre / joli)

4. Tes _____ sont _____. (tante / bavard).

5. Les _____ de Clara sont _____. (cousin / sympa)

6 Qu'est-ce qu'on dit?

Dis le contraire! Dans certains cas, il y a plusieurs possibilités. | Sage das Gegenteil! In manchen Fällen gibt es mehrere Möglichkeiten.

1. Ses parents rentrent **tard.**   ≠ _____

2. La photo est **moche.**   ≠ _____

3. Je passe les vacances à Strasbourg. **C'est l'horreur.**   ≠ _____

   _____

4. Ses parents **sont ensemble.**   ≠ _____

5. Ma mère est **au chômage.**   ≠ _____

6. Mon lapin est **adorable.**   ≠ _____

VOLET 1

Vocabulaire

1 a Retrouve les mots et écris-les avec l'article défini. | Stelle die Nomen wieder richtig zusammen und schreibe sie mit dem bestimmten Artikel auf. (▶ Liste des mots, p. 213)

gui	nis
thé	se
ten	tare
dan	âtre
percus	que
athlé	te
flû	sions
musi	tisme

la guitare, _____

_____

_____

_____

b Range les mots de **1a** dans la bonne colonne. | Ordne die Wörter von **a** in die richtige Spalte ein.
(▶ Repères, p. 87/5)

On fait **du**	On fait **de la**	On fait **de l'**	On fait **des**
tennis			

Grammaire

2 Complète par les formes de *faire*. | Ergänze die Sätze mit den Formen von *faire*. (▶ La conjugaison des verbes, p. 191)

– Yasmine, tu _____ du sport?

– Oui. Je _____ de l'athlétisme, et avec ma copine

Clara, on _____ du théâtre. Et nous _____ aussi de la musique.

– Vous _____ de la musique ensemble?

– Oui.

– Et tes frères et sœurs?

– Mes deux frères _____ du foot et de l'athlétisme. Ma sœur _____ de la

danse.

Apprendre à apprendre

3 a Eine Höraufgabe, bei der du nur bestimmte Informationen verstehen sollst, kannst du so vorbereiten:

– Lies dir zunächst einmal die Aufgabenstellung (**b**) genau durch und beantworte folgende Fragen:
1. Wie heißen die Personen, um die es geht?
2. Um welche Sportarten und Hobbys geht es?

– Hör dir dann erst den Text an und löse die Aufgabe **b**.

b Écoute. Qui fait quoi? Relie. | Wer macht was? Ordne zu. Mehrere Antworten sind möglich.

Pierre **1**
Magali **2**
Inès **3**
Louis **4**

a fait de l'athlétisme
b fait de la danse
c fait des percussions
d fait de l'aviron
e fait du ski
f fait du théâtre
g fait de la guitare

c Qu'est-ce qu'ils font? Utilise tes réponses de **b** et présente les quatre jeunes et leurs hobbys. Écris dans ton cahier. | Verwende deine Antworten von **b** und stelle die vier Jugendlichen und ihre Hobbys vor. Schreibe in dein Heft.

Médiation

4 Lies die Anzeige unten und beantworte folgende Fragen deiner Geschwister (7 und 15 Jahre alt) auf Deutsch:

vasp
vacances ■ sportives

Vacances sportives VASP, c'est:

- Être actif toute l'année: en été ou en hiver, dans différentes régions: à la mer, à la montagne ou à la campagne.
- Plus de 60 activités sportives: ski, snowboard, surf, catamaran, tennis, badminton, aviron, vélo, roller, équitation, golf …
- 3 tranches d'âge, pour trouver des nouveaux copains: Les kids (7–11 ans), les teens (11–13 ans) et les juniors (13–17 ans)
- Un encadrement des activités par des professionnels de l'animation et des moniteurs sportifs diplômés.

1. Kann man beim VASP Musik machen?
2. Wie viele Sportarten gibt es?
3. Gibt es auch Angebote für den Winter?
4. Könnten deine Geschwister auch mitmachen?

VOLET 2

Vocabulaire

1 Complète. | Ergänze die fehlenden Nomen.

Les hobbys de mes copains:

1. Mathéo fait du _____ . Il aime aussi le _____

   et il adore l'_____ .

2. Flore fait de la _____ . Elle adore aussi chanter. C'est l'horreur!

   Le week-end, nous faisons du _____ ensemble.

3. Lili aime la _____ et le _____ et elle

   adore le _____ et les _____ .

4. Ludovic déteste le _____ . Il aime la _____ et

   il adore le _____ . Il fait aussi de la _____ .

Écouter et comprendre

2 a Écoute le texte. | Hör dir den Text an. Von welchen Hobbys und Sportarten ist in diesem Text die Rede? Kreuze an. (▶ Apprendre à apprendre, p. 33/3a)

- [x] la musique classique
- [ ] le théâtre
- [ ] le tennis
- [ ] le rap
- [ ] danser
- [ ] le vélo
- [ ] chanter
- [ ] le foot
- [ ] la guitare
- [ ] la bédé
- [ ] les animaux
- [ ] Titeuf
- [ ] le dessin
- [ ] le cinéma
- [ ] le rock
- [ ] le sport
- [ ] l'athlétisme
- [ ] la lecture

b Écoute le texte encore une fois. Qui aime quoi? | Hör dir den Text noch einmal an und notiere, was Mathilde, Paul, Margot und Arthur mögen und was sie nicht mögen.

_____

_____

_____

_____

_____

c Suche dir eine/n der vier Jugendlichen aus und stelle schriftlich vor, was diese Person mag oder nicht mag. Schreibe in dein Heft.

Parler

3   Fais le tandem, p. 81 avec ton/ta partenaire.

Grammaire

4 a Complète. Utilise *ne ... pas*. (▶ Repères, p. 87/3)

Tu rêves, Clara?

Non, Monsieur, je _____, j'écoute.

1

Tu travailles?

Non, je _____, je regarde la télé.

2

Tu chattes encore avec tes copines?

Mais non, je _____, je fais mes devoirs sur l'ordinateur.

3

Yasmine, tu es dans ta chambre?

Non, je _____ dans ma chambre, je suis dans la cuisine.

4

b À toi. Écris encore deux dialogues comme en **a**. | Schreibe zwei weitere Dialoge in dein Heft.

5   Complète. | Ergänze mit den richtigen Formen von *préférer*. (▶ La conjugaison des verbes, p. 190)

1. Lou aime la guitare, mais elle _____*préfère*_____ les percussions.

2. Tu aimes la flûte, mais tu _____ la guitare?

3. Vous aimez le dessin, mais vous _____ la musique.

4. Tom et Marie aiment l'athlétisme, mais ils _____ le tennis.

5. Nous aimons le foot, mais nous _____ l'athlétisme. Et toi?

6. J'aime _____.

6 **Grammaire mixte:** Lis d'abord le texte. Puis trouve les mots et complète le texte. |
Lies erst den Text. Dann finde die Wörter und vervollständige den Text.

| copain | le | la | l' | les | copine | ils | sont | de la | de l' | du | des | bédés | filles | elles |

Voilà Tim et son _____ Tom. _____ font _____ aviron. _____ aiment

aussi _____ foot, mais ils préfèrent _____ aviron. Ils adorent _____ musique:

Tim fait _____ guitare et Tom fait _____ percussions.

Et là, ce _____ Lucie et sa _____ Léa. Les deux _____ font _____ théâtre.

_____ aiment aussi _____ musique: Lucie fait _____ guitare et Léa chante.

_____ font _____ musique avec Tim et Tom. Elles aiment aussi _____ dessin.

Léa adore _____ _____ de Titeuf. Mais les deux filles détestent _____ sport.

Écrire

7 Complète les mots par les bonnes lettres. | Setze die Buchstaben mit dem richtigen Akzent in die
Wörter ein.

é, è, ê, à, â

Moi, je d___teste le sport. Je pr___f___re le dessin.

Je fais aussi du th___ ___tre ___ l'___cole. Et j'aime

___tre avec mes copains.

8 Un copain français te pose des questions. Tu réponds dans ton cahier. | Ein französischer Freund stellt
dir Fragen. Beantworte sie in deinem Heft.

1. Tu as quel âge?
2. Moi, j'habite à Marseille. Et toi?
3. J'ai une sœur et un frère. Et toi?
4. Tu as des animaux?
5. Qu'est-ce que tu préfères: le foot ou le tennis?
6. Mon groupe préféré, c'est les BB Brunes. Et ton groupe préféré?
7. Je fais de la danse. Et toi, qu'est-ce que tu fais?

9 Complète le rap avec les formes du verbe *dire*. (▶ Repères, p. 87)

Je _____: «Où est Noah?»

Tu _____: «Je ne sais pas!»

Il _____: «Il fait du ski.»

Elle _____: «À Chamonix.»

Nous _____: «Avec Lin.»

Vous _____: «C'est sa cousine.»

Ils _____: «Elle est de Colmar.»

Elles _____: «Elle est très sympa.»

VOLET 3

Lire et comprendre

1 Lis les phrases et retrouve l'ordre du dialogue. Écris-le dans ton cahier. | Lies dir die Sätze durch und stelle die richtige Reihenfolge des Dialogs wieder her. Schreibe ihn in dein Heft. Die Buchstaben in der richtigen Reihenfolge ergeben ein Lösungswort.

☐	É	– Oui, ça va.
☐	I	– Je ne sais pas encore …
☐	E	– Oh, merci, c'est sympa! C'est une super idée! Je demande à ma mère …
☐	T	– Trop cool! On passe chez toi à 10 heures. D'accord?
☐	B	– Écoute, dimanche, on veut faire une balade à la Montagne des singes et … je t'invite. Mes parents sont d'accord!
1	L	– Qu'est-ce que tu fais, ce week-end?
☐	R	– Super, ma mère est d'accord!

À la Montagne des singes, il y a des singes en ☐☐☐☐☐☐☐.

Vocabulaire

2 a Matti hat die neuen Nomen des *Volet* 3 in ein Vokabellernprogramm eingegeben, aber das Programm hakt und hat die Selbstlaute von den Mitlauten getrennt. Schreibe die Nomen vollständig mit dem bestimmten Artikel auf. (▶ Liste des mots, p. 216)

voyelles *(Selbstlaute)* = A E I O U Y

consonnes *(Mitlaute)* = B C D F G H J K L M N P Q R S T V W X Z

	consonnes	voyelles	
1.	w k - n d	e e e	_____
2.	d m n c h	i a e	_____
3.	b l d	a a e	_____
4.	s n g	i e	_____
5.	d	i é e	_____
6.	p r c	a	_____
7.	l b r t	i e é	_____
8.	h r	e u e	_____
9.	m n t g n	o a e	_____

b À toi. | Erfinde weitere Worträtsel wie in **a** für deinen/deine Partner/in. (▶ Liste des mots, p. 213)

Grammaire

3 *pou-* ou *peu-?* *vou-* ou *veu-?* Complète les formes des verbes *pouvoir* et *vouloir*.

p____voir	v____loir
je p____x	je v____x
tu p____x	tu v____x
il/elle p____t	il/elle v____t
nous p____vons	nous v____lons
vous p____vez	vous v____lez
ils/elles p____vent	ils/elles v____lent

> *Vouloir, pouvoir*, die sind leicht.
> *-x* bei *je* und *tu*, das reicht!
> Vier Mal steht hier *-eu-* statt *-ou-*,
> denn *-ou-* steht nur bei *nous* und *vous*.

4 **Grammaire mixte:** Complète les dialogues avec les formes de *pouvoir* et *vouloir* et *qu'est-ce que* ou *est-ce que*.

1. – Yasmine, _____ tu joues avec moi?

   – Non, Zorah, je ne _____ pas. Je travaille.

2. – Maman, _____ on _____ regarder des DVD?

   – _____ vous _____ regarder?

   – On _____ regarder le nouveau DVD de Bilal.

3. – Maman, _____ nous _____ inviter Noah ce week-end?

   – Non, avec papa, nous _____ être tranquilles le week-end.

   – Oh, maman, papa, vous ne _____ pas être contre!

4. – _____ les enfants _____ écouter?

   – Le CD de Louane! Mais ils ne _____ pas: La minichaîne ne marche pas!

5 **a** Retrouve l'ordre des mots. | Finde die richtige Reihenfolge der Wörter wieder, konjugiere die Verben und schreibe die Fragen in deinem Heft auf.

b Denk dir noch zwei Fragen wie in **a** aus. Dein Lernpartner bringt die Wörter in die richtige Reihenfolge und beantwortet die Fragen.

1. Est-ce que   le rap   *aimer*   tu   ?

2. du ski   Est-ce que   *faire*   tu   ?

3. tu   *inviter*   Est-ce que   tes copains   dimanche   ?

4. l'école   *faire*   après   Qu'est-ce que   tu   ?

5. *vouloir*   dimanche   vous   faire   Qu'est-ce que   ?

6 a Pose des questions. | Eure Klasse trifft sich das erste Mal mit französischen Schülern. Du bereitest Fragen vor, die du den Schülern stellen willst. Schreibe sie in deinem Heft auf. Du fragst:

– ob er/sie die Schule mag;
– was er/sie gerne macht;
– was er/sie am Wochenende macht;
– ob er/sie Sport treibt;
– was er/sie denn macht;
– ob er/sie ein Tier hat;

Est-ce que …?

Qu'est-ce que …?

– ob er/sie Titeuf mag;
– ob er/sie eine/n Lieblingssänger/in hat;
– ob er/sie einen Ausflug machen will.

b Spielt zu zweit das Gespräch der französischen und der deutschen Schüler. Eine/r stellt die Fragen, der/die andere beantwortet sie. Verwendet die Fragen von **a**.

Écouter et comprendre

7 a Vrai ou faux? Coche. | Kreuze an.
Korrigiere die falschen Sätze. Schreibe in dein Heft.

	vrai	faux
1. Camille est la sœur de Max.	☐	☐
2. Max invite Camille.	☐	☐
3. Camille n'aime pas l'aviron.	☐	☐
4. Dimanche, Camille fait de l'aviron.	☐	☐

Tipp: Bevor du diese Höraufgabe löst, schlag noch einmal folgende Übung auf:
▶ *Apprendre à apprendre, p. 33/3a.* Hör dir dann den Text an und löse die Aufgaben.

b Écoute encore une fois et complète.

1. Max a _____ cousins.   2. Ils veulent faire de l'_____ sur l'_____.

3. Ils passent chez Victor à _____ heures.   4. Ils rentrent à _____ heures.

c Qu'est-ce que tu apprends sur Victor? Écoute et résume. |
Was erfährst du über Victor? Fasse zusammen.

Écrire

8 Écris le dialogue dans ton cahier.

Allô, c'est Yasmine/Théo?

Stell dir vor:
Du bist in Straßburg und rufst bei Yasmine/Théo an. → Sie/Er meldet sich.

Allô?

Du begrüßt sie/ihn und sagst, wer du bist (Name und Alter). Du sagst auch, dass du aus ___ kommst und neu in Straßburg bist. → Sie/Er will wissen, wo du in Straßburg wohnst.

Du sagst, dass du in der Nähe ihrer/seiner Schule wohnst und dass du Freunde suchst. → Sie/Er fragt dich nach deinen Hobbys.

Du sagst, was du magst und ihr findet einige Gemeinsamkeiten heraus. → Sie/Er schlägt vor, etwas mit dir gemeinsam zu unternehmen.

Du sagst, dass du deine Eltern fragst.

1 **Qu'est-ce qu'on dit?**

Comment est-ce que tu dis cela en français? | **Wie sagst du das auf Französisch? Schreibe die Sätze in dein Heft.**

Wie sagst du, dass ...
1. du Rap magst?
2. Sport nicht magst?
3. du Leichtathletik hasst?
4. deine Lieblingssängerin ___ ist?
5. du ein Fan von ___ bist?

Wie fragst du jemanden, ...
6. was er an diesem Wochenende tut?
7. wann ihr zurückkehrt?
8. ob etwas klappt?
9. ob seine Eltern einverstanden sind?
10. ob du deinen Freund einladen darfst?

2 **Wortschatz**

Note les hobbys avec l'article défini. | **Schreibe die Hobbys mit dem bestimmten Artikel auf.**

1. _____
2. _____
3. _____
4. _____
5. _____

6. _____
7. _____
8. _____
9. _____
10. _____

3 **Die Verben**

Grammaire mixte: Complète. | **Ergänze die Sätze mit den Formen der Verben** *faire*, *dire*, *vouloir* **und** *pouvoir*.

Samedi, Clara _____ inviter Yasmine mais sa mère _____

«Non.» Dimanche, Clara et Alexandre _____ regarder la télé.

Clara: Papa, on _____ regarder la télé ?

Père: Non, pas maintenant. Camille _____ ses devoirs dans la salle de séjour.

Clara: Vous _____ toujours «Non.» Vous _____ toujours être tranquilles. C'est tout.

Père: Écoute Clara. Moi, je _____ les devoirs avec Camille. Tu _____ jouer une partie de

cartes avec Alexandre maintenant et après* nous _____ une balade ensemble.

Clara: Non, nous ne _____ pas faire une balade!

Père: D'accord, nous _____ regarder un DVD ensemble.

Clara: Là, je ne _____ pas «Non.» Merci, papa!

* **après** *hier:* danach

4 Das Verb *faire de* + bestimmter Artikel

Qu'est-ce qu'ils font? | Was machen sie? Schreibe Sätze mit *faire de* + bestimmter Artikel in dein Heft.

5 Die Verneinung

Verneine die Sätze und verwende *ne ... pas*. Schreibe in dein Heft.

1. Léo téléphone.
2. Théo invite Clara.
3. Amandine aime les week-ends en famille.
4. Karim veut jouer avec sa sœur.

6 Die Frage mit *est-ce que*

Lis les réponses et retrouve les questions. | Stelle die richtigen Fragen zu den vorgegebenen Antworten.

1. _____

   Non, je n'aime pas la musique classique.

2. _____

   Oui! J'ai un chat et une perruche.

3. _____

   Non, je ne joue pas avec mon frère.

7 Hören und verstehen

Lies dir zuerst die Aufgaben genau durch und hör dir dann den Hörtext an.

a Um was für ein Gespräch handelt es sich? _____

b Qui parle? Coche la bonne case. | Wer spricht? Kreuze an.

☐ Annie ☐ l'oncle ☐ Félix ☐ Philippe ☐ la cousine ☐ Cécile ☐ Paul ☐ la tante

c Coche la bonne case.

	vrai	faux
1. Paul est le cousin de Cécile.	☐	☐
2. Philippe est le frère de Cécile.	☐	☐
3. Paul invite Cécile.	☐	☐
4. Samedi, Cécile ne peut pas.	☐	☐
5. Philippe veut faire du vélo.	☐	☐
6. Philippe demande à son père.	☐	☐
7. Ils rentrent à dix heures.	☐	☐

VOLET 1

Écouter et comprendre

🎧 19 **1** Écoute et note les numéros dans le lieu correspondant. | Hör zu und trage die Nummern der Namen in den entsprechenden Ort ein.

1 Julie

2 Jamel

3 Madame Leforestier

4 Madame Meyer

Grammaire

2 *Votre* ou *vos*? **Complète.** (▶ Repères, p. 108/1)

Vous aimez _____ appartement?

Ce sont _____ amis?

Ce sont _____ copines?

_____ salle de bains est super!

3 **Complète. Utilise** *ton, ta, tes, votre, vos.* (▶ Repères, p. 66/1, p. 108/1)

Yasmine parle avec sa prof de théâtre:

1. On regarde _____ photos, Madame?

2. C'est _____ famille?

3. Ce sont _____ filles?

4. C'est _____ grand-père?

5. Ce sont _____ chats?

Madame Pérec parle avec Noah:

1. Alors Noah, tu fais _____ devoirs ou tu rêves?

2. C'est une photo de _____ classe?

3. Et là, c'est _____ professeur de français?

4. _____ amie Jade est jolie!

5. Est-ce qu'elle a _____ âge?

4 Relie.

Théo est
à la		gymnase
au		infirmerie
à l'		toilettes
aux		cantine

5 **Grammaire mixte:** Mais où est Théo? Complète par *à la, au, à l', aux* ou *dans le/la/l'/les*.

Est-ce que Théo est _____ CDI?

Est-ce qu'il est _____ cour?

Il est _____ gymnase! Non ...

... Alors, il est _____ cantine.

Il n'est pas _____ infirmerie. Mais où est Théo?

Théo est _____ toilettes!

Écrire

6 Fais le plan de ton école dans ton cahier et décris deux endroits. | Zeichne den Grundriss deiner Schule in dein Heft und beschreibe zwei Orte (▶ Textes, p. 94–95). Hebe deine Zeichnung auf, du kannst sie für die Aufgabe **B** (▶ S. 107) verwenden.

_____

_____

VOLET 2

Lire et comprendre

1 Lis l'article et note la bonne lettre. | Lies den Artikel und schreibe den passenden Buchstaben in die Kästchen.

Les endroits importants au collège

Tu rentres bientôt au collège?
Voilà les endroits stratégiques!

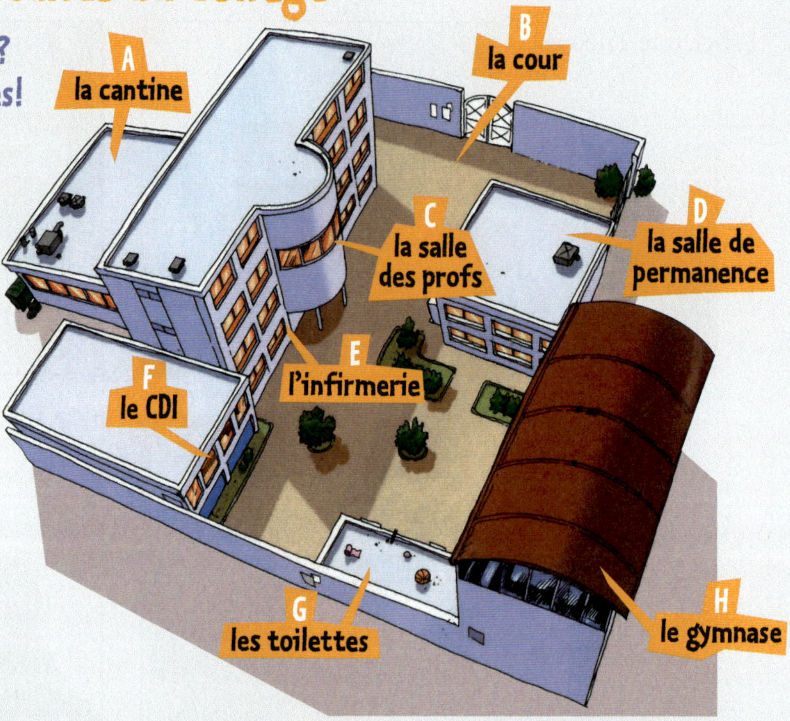

A — la cantine
B — la cour
C — la salle des profs
D — la salle de permanence
E — l'infirmerie
F — le CDI
G — les toilettes
H — le gymnase

☐ Là, tu peux emprunter des livres, des magazines, des bédés et des DVD. Tu peux aussi surfer sur Internet.

☐ Tu habites loin du collège? Tes parents rentrent tard à la maison? Tu peux retrouver tes copains entre midi et deux et bien rigoler autour d'un plat de spaghettis ou une pizza.

☐ Attention! Il y a une porte pour les filles et une porte pour les garçons! Aller là pendant la récré, c'est une bonne idée parce que pendant les cours, les profs sont contre …

☐ Zone interdite ⛔ Les profs vont là avant ou après un cours. C'est leur cour de récréation!

☐ Ici, c'est le sport d'abord! Le sport, c'est super, surtout après deux heures de maths ou une interrogation!

☐ Un endroit sympa à la récré parce que tu retrouves tes copains.

☐ Ça ne va pas? Quelqu'un est là pour toi, mais il y a aussi un lit et des médicaments.

☐ Ton prof n'est pas là? Tu n'as pas cours? Là, tu peux faire tes devoirs.

Écouter et comprendre

🎧 20

2 Il est quelle heure? Écoute et complète. | Hör zu und vervollständige die Uhrzeitangaben.

 07:

 :15

 14:

 :30

 17:

Vocabulaire

3 **a** Fais les mots croisés. | Löse das Kreuzworträtsel.

Horizontal:

1. Clara aime parler, elle aime la lecture, elle aime le théâtre: sa matière préférée, c'est le **A** .
2. Amandine fait de la flûte, de la guitare et elle chante: sa matière préférée, c'est la **C** .
3. La grand-mère de Greg habite à New-York. Il passe toujours ses vacances chez elle, alors il est très bon en **E** .
4. Hugo aime la nature, les animaux, les pierres: sa matière préférée, ce sont les **F** .

Vertical:

5. Jeanne adore Tokio Hotel. Son rêve c'est: parler avec Bill Kaulitz. Alors elle travaille beaucoup en cours d' **B** .
6. 59 – (−43) + (−15) Pour Alexandre, ce n'est pas un problème. Les **G** sont sa matière préférée!
7. Simon aime le foot, l'athlétisme et le ski, sa matière préférée, c'est l' **D** .

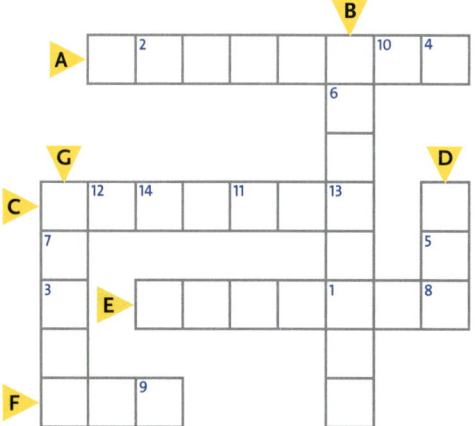

b Trouve le mot-clé et traduis-le. | Finde das Lösungswort und übersetze es.

Théo adore le dessin, sa matière préférée, ce sont les _____ .

1	2	3	4

5	6	7	8	9	10	11	12	13	14

Théos Lieblingsfach ist _____ .

Regarder et comprendre

 4

Va sur le site scook.de/bayern et tape le code, page 1.
Regarde le film et fais l'exercice p. 89.

Grammaire

5 **Grammaire mixte:** Complète par les pronoms personnels et mets les adjectifs à la forme correcte.

1. Je n'aime pas les chansons des chanteurs de 14 ans. _____ sont souvent _____ (nul).

2. Le cours de SVT est toujours _____ (intéressant).

3. Aurore travaille vite et bien. _____ est _____ (intelligent).

4. Les spaghettis de la cantine sont souvent _____ (bon), tu n'es pas d'accord?

5. Je voudrais un chien et mes parents sont d'accord. _____ sont _____ (adorable), non?

6. Regarde les mangas de ma sœur! _____ est très _____ (bon) en dessin!

6 Complète par les formes du verbe *aller*. | Ergänze mit den Verbformen von *aller*.

Nous _____ dans le couloir. Mathis, tu

_____ dans la cour et tu gardes le chien, OK?

Bon, on ne reste pas ensemble ... Gégé et Ferdi,

vous _____ dans la salle de séjour.

Dani et moi, on _____ dans la chambre.

Et moi, je _____ où?

Riri? Tu _____ dans la salle de bains!

La salle de bains ... Pfff, c'est nul!

Chef! ... Riri est dans la cour avec Gégé. Chef,

ils _____ dans la rue maintenant!

Apprendre à apprendre

7 La journée de Louis. | Dieser Text, den Louis über seinen Schultag geschrieben hat, enthält 8 Fehler. Korrigiere die Fehler. (▶ Méthodes, p. 183/20)

Le jeudi au collège, c'est ma journée préférée! D'abord, j'ai cours à dix heures. C'est

super, non? À 11 heures, j'ai français. C'est bête, parce que je suis nulle, mais nos

prof, Madame Fleury, est très sympa et sa matière est intéressant.

À midi, au cantine, il a souvent des spaghettis et j'aime beaucoup ça. Après,

à quatorze heures, on a EPS: je suis très bon en sport! Et puis de 16 heures à

17 heures, on va à le CDI et on pouvons utiliser les ordinateurs et faire des

recherches sur Internet.

VOLET 3

Lire et comprendre

1 L'école et toi. Réponds aux questions et lis tes résultats. | Beantworte die Fragen und lies deine Ergebnisse.

Test

1 Pour toi, le collège c'est

◎ les copains.

✳ le travail.

❖ les deux.

2 Ton endroit préféré au collège, c'est

✳ ta salle de classe.

◎ la cour de récréation.

❖ le CDI.

3 Comment est-ce que tu travailles?

✳ Après l'école, tu fais d'abord tes devoirs et après tu joues une heure.

◎ Tu empruntes le cahier d'un copain / d'une copine à la récréation, et tu notes vite les réponses.

❖ Après l'école, tu rentres à la maison et tu joues ou tu fais du sport. Après tu fais les devoirs.

4 Ta matière préférée, c'est

◎ l'EPS parce qu'il n'y a pas de devoirs.

✳ les maths parce que c'est pratique.

❖ l'histoire parce que c'est intéressant.

5 La/Le prof parle:

✳ tu notes, parce qu'il va y avoir une interrogation.

❖ tu écoutes, tu poses des questions, ensuite, tu notes.

◎ tu rêves ou tu parles avec ton copain / ta copine.

Tu as entre 3 et 5 ◎: L'école, tu n'es pas contre mais travailler n'est pas ton truc. Le collège pour toi, c'est une cour de récréation, on rigole bien. C'est déjà ça, mais c'est tout?

Tu as entre 3 et 5 ✳: Tu prépares tes cours, tu travailles beaucoup, le collège, c'est ton emploi du temps. D'accord, mais qu'est-ce que tu aimes faire pour toi?

Tu as entre 3 et 5 ❖: Tu aimes aller au collège, parce que tu aimes les rencontres avec les copains, mais aussi avec les idées. Super!

Vocabulaire

2 a Relie. | Ordne zu.

visiter **1**   **a** une balade en bateau
manger **2**   **b** sur le programme
passer **3**   **c** des idées
faire **4**   **d** une journée avec les corres
noter **5**   **e** le Musée du chocolat
être d'accord **6**   **f** à la cantine

b Résume le texte pour les correspondants. (▶ Texte, p. 102). Utilise les expressions de a.

La sixième A va _____ .

Lara _____ . Ils ne peuvent pas _____

_____ parce que _____

_____ . Mais ils peuvent _____

_____ . À midi, _____ .

Grammaire

3 Complète. Utilise *son*, *sa* ou *ses* (1.–4.) / *leur* ou *leurs* (5.–8.). (▶ Repères, p. 66/1, p. 108/1)

1. Flore fait _____ devoirs en permanence.

2. Madame Fabre va à _____ cours de guitare.

3. Karim n'est pas dans _____ chambre.

4. Thomas retrouve _____ copains dans la cour.

5. Clément et Linda font _____ devoirs au CDI.

6. Yasmine et Zohra écoutent _____ CD préféré.

7. Elles dansent dans _____ chambre.

8. Les élèves cherchent _____ surveillants.

4 Qu'est-ce qu'ils vont faire? Forme les phrases au futur proche. (▶ Repères, p. 110/5)

Qu'est-ce que vous allez faire mercredi après-midi?

regarder un DVD

Nous _____

_____

faire du foot

On _____

_____

Je _____

_____

_____

Ils _____

_____

_____

Regarder et comprendre

 5

Va sur le site scook.de/bayern et tape le code, page 1.
Regarde le film et fais l'exercice p. 89.

Écrire

6 a Écris le chat en français dans ton cahier. | Schreibe den Chat auf Französisch in dein Heft.

Du bist in Frankreich und verabredest dich mit einem/einer Freund/in für den nächsten Nachmittag. Ihr chattet.

1. Du begrüßt ihn/sie und fragst, ob er/sie morgen Nachmittag Unterricht hat.

   → Er/Sie antwortet, er/sie hat Deutsch von 13:30 bis 14:30 und Biologie bis 15:30.

2. Du schlägst vor, dass ihr anschließend einen Spaziergang im Park machen könntet.

   → Er/Sie antwortet: Ja, das ist eine tolle Idee! Er/Sie liebt es, draußen in der Natur zu sein!

3. Du freust dich und sagst, dass du gegen 16 Uhr bei ihm/ihr vorbeikommst und fragst, ob er/sie einverstanden ist.

   → Er/Sie ist einverstanden und ihr verabschiedet euch.

b En classe, joue la situation de **a** avec ton/ta partenaire. | Spiele die Situation aus **a** mit deinem/deiner Partner/in als Telefongespräch im Unterricht vor.

Parler

7 Prépare le dialogue, p. 82 et joue-le en classe. (▶ Méthodes, p. 179)

1 Qu'est-ce qu'on dit?

Trouve les questions. Relie. | Ordne den Fragen die passende Antwort zu.

Est-ce que le musée est ouvert le lundi? **1**

Tu veux déjeuner chez nous? **2**

À quelle heure est la récré? **3**

Tu es contre? **4**

Tu aimes les SVT? **5**

Où est-ce qu'on mange? **6**

Quand est-ce qu'on mange? **7**

a Mais non, je suis pour!

b À dix heures.

c On peut aller déjeuner à midi.

d Non, il est fermé.

e À la cantine.

f Oh oui, merci, bonne idée!

g Ça dépend. La prof est sympa mais ses interros sont nulles!

2 Die Possessivbegleiter

Grammaire mixte: Pendant la journée portes ouvertes, Camille pose des questions à Clara. Complète par *notre/nos*, *votre/vos*, *leur/leurs* **et écris les heures.**

1. – Où est-ce que vous allez pendant ___vos___ récréations?

– Pendant _____ récréations, nous pouvons aller dans la cour ou au CDI.

2. – À quelle heure est-ce que vous rentrez après

_____ cours?

– _____ cours sont jusqu'à

`4:00` _____ mais

souvent aussi jusqu'à

`5:00` _____!

3. – Est-ce que vous aimez _____ cantine?

– Oui, _____ cantine est sympa parce qu'il y a

des posters et dessins d'élèves sur les murs!

4. – Quand est-ce que _____ CDI est ouvert?

– _____ CDI est ouvert de `8:00` _____ à

`5:00` _____ et le mercredi entre `8:00` _____ et

`12:00` _____.

Les notes de Camille:

1. Pendant ___leurs___ récréations, les 6èmes A vont au CDI ou dans la cour.

2. _____ cours sont souvent jusqu'à 17 h 00.

3. _____ cantine est un endroit sympa.

4. _____ CDI est ouvert pendant la journée jusqu'à 17 h 00, le mercredi de 8 h 00 à 12 h 00.

3 Der zusammengezogene Artikel mit der Präposition *à*

Complète par *à la, au, à l', aux.*

Clara est _____ TJP. Camille est _____ école. Monsieur Fabre est _____

Vitamine C et Madame Fabre est _____ musée. Alexandre ne va pas bien,

il est _____ maison et va toujours _____ toilettes. Alors qui va jouer avec moi?

4 Das *futur proche*

Complète. | **Ergänze mit der richtigen Verbform im *futur proche*.**

Salut Yasmine! C'est bientôt les vacances!! Est-ce que tu _____ (retrouver) tes cou-

sins de Marseille? Moi, je _____ (passer) mes vacances d'hiver avec mon père dans

les montagnes! Nous _____ (faire) du ski et des balades.

Mon père _____ (inviter) ma tante et son fils, Max. 🙂 Clara et toi, vous

_____ (jouer) au TJP dimanche après-midi? Super! Théo et Lukas ne

_____ pas _____ (pouvoir) être là … C'est bête. Mais moi si! 🙂

Bises Jade

5 Die Fragen

Trouve les questions. Utilise *à quelle heure est-ce que, quand est-ce que, où est-ce que,*
pourquoi est-ce que.

1. – _____

   – Ils rentrent dimanche soir.

2. – _____

   – J'ai maths à 10 heures.

3. – _____

   – Parce que le mardi, les musées sont fermés.

4. – _____

   – J'aime bien faire mes devoirs au CDI.

VOLET 1

Lire et comprendre

1 Trouve les cinq erreurs et corrige-les. | Vergleiche den Text mit der Zeichnung. Unterstreiche die fünf Fehler im Text und korrigiere sie. (▶ Liste des mots, p. 223)

Dans le parc, il y a des enfants. Ils jouent avec leurs chiens.

À côté du parc, à droite, il y a un cinéma.

À gauche, il y a un pont, et près du pont, des maisons du Moyen-Âge.

Sur la place, on peut faire du skate. Loin de la place, il y a un bar à jus de fruits. Derrière le bar à jus de fruits, il y a un car.

À droite, il y a le théâtre et à côté du théâtre, il y a le musée.

Devant le musée, il y a des vélos.

Écouter et comprendre

2 Les touristes visitent Strasbourg. Quel texte correspond à quelle photo? Note le bon numéro. | Ordne zu. (▶ Méthodes, p. 162)

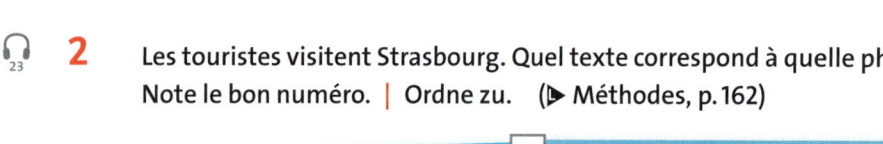

Vocabulaire

3 Complète les mots croisés et trouve le mot-clé. |
Setze die fehlenden Wörter in das Kreuzworträsel
ein. Wie lautet das Lösungswort?
(▶ Textes, p. 116–117)

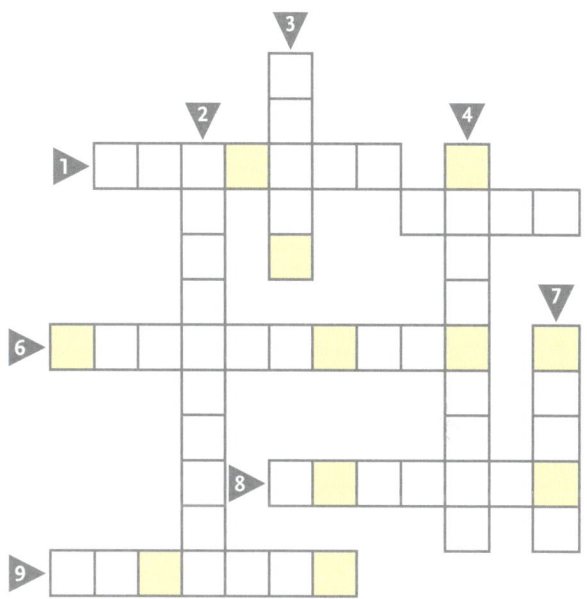

Lundi, c'est le **5** de la visite. À 10 heures 30,
les élèves **9** dans le bateau près du Palais Ro-
han. La visite peut **4** . Sur l'Ill, ils **8** sous des
7 . Voilà maintenant le théâtre, sur la **3** de la
6 . Devant le Parlement européen et le Conseil
de l'Europe. Il y a les **1** d'Arte, la télévision
franco-allemande. À 11 h 45, les élèves **2** au
collège.

C'est un quartier de Strasbourg:

La ☐☐☐☐☐☐ F☐☐☐☐☐☐

4 Qu'est-ce qui va ensemble? Relie. | Welche Ergänzung passt zu welchem Verb? Es gibt manchmal
mehrere Möglichkeiten. Ordne zu.

faire	**1**	**a**	dans le bateau
monter	**2**	**b**	la visite du collège à 9 heures
passer	**3**	**c**	au collège
commencer	**4**	**d**	à la cantine
visiter	**5**	**e**	au musée du chocolat
aller	**6**	**f**	par le Quartier allemand
manger	**7**	**g**	le collège
retourner	**8**	**h**	un rallye

Écrire

5 Qu'est-ce qu'ils font ensemble? Raconte dans ton cahier. Utilise les expressions de **4** et le texte
p. 116/117. | Was unternehmen die Straßburger Schüler mit den Besuchern aus Lahr am 21. April? Erzähle,
was sie machen und verwende dabei die Verben und Ergänzungen der Übung **4**. Du kannst auch den Text
in deinem Buch auf S. 116/117 noch einmal durchlesen. Schreibe in dein Heft.

Après l'arrivée des corres allemands, les élèves font la visite du collège. À 10 heures 30, ils _____

VOLET 2

Qu'est-ce qu'on dit?

1 Comment est-ce que tu dis cela en français? | Wie sagst du auf Französisch? Schreibe auf.
(▶ Repères, p.128)

Du bist in einer französischen Schule:

1. Wie sagst du, dass du Hunger hast?

_____

2. Wie fragst du, was es heute in der Kantine gibt?

_____

_____

3. Du verstehst das Wort *„fromage"* nicht. Wie fragst du, was das heißt?

_____

_____

4. Wie sagst du, dass du Durst hast?

_____

5. Wie bittest du jemanden, dir das Wasser zu geben?

_____

_____

6. Wie wünschst du jemandem „Guten Appetit"?

_____

7. Wie fragst du jemanden, ob es schmeckt?

_____

_____

Écouter et prononcer

🎧 **2** Trouve les intrus. | Nur sechs der folgenden Wörter werden mit dem gleichen Laut [ɥ] ausgesprochen.
24 Streiche die Wörter, die nicht passen, durch.

je suis   le fruit   oui   la guitare   huit   le jus   aujourd'hui   la cuisine   depuis

Grammaire

3 Qu'est-ce qu'ils prennent? Décris les images. Complète les phrases avec les formes de *prendre* et un complément. | Vervollständige die Sätze mit den Formen von *prendre* und einer passenden Ergänzung.
(▶ Les verbes, p.191)

À la Vitamine C, Selma et Louise _____

Alex _____

1. _____ .

2. _____ .

3. – Qu'est-ce que vous _____ ?

   – Nous _____ .

4. – Qu'est-ce que tu _____ ?

   – Je _____ .

4 **Grammaire mixte:** Retrouve l'ordre des mots, conjugue les verbes et écris les phrases. | Bringe die Satzteile in die richtige Reihenfolge und konjugiere die Verben.   (▶ Repères, p. 128/1)

1. rien / Je / *faire* / ne

   _____

2. à la cantine / jamais / *manger* / ne / Tu / ?

   _____

3. faim / n' / plus / *avoir* / Ils

   _____

4. rien / *pouvoir* / ne / Elle / manger

   _____

   _____

5. rien / Je / *comprendre* / ne

   _____

6. Ils / au musée / jamais / aller / ne / *vouloir*

   _____

   _____

7. *vouloir* / ne / plus / retourner / à Lahr / Les élèves

   _____

   _____

b Écris encore trois puzzles comme en **a** pour ta/ton partenaire. | Denk dir noch drei Puzzle-Sätze wie in **a** für deine/n Partner/in aus.

Écouter et comprendre / Médiation

5 **a** Hör dir den Text an und erzähle einem Freund / einer Freundin, der/die kein Französisch kann, wo die Jugendlichen sind und worüber sie sprechen. Schreibe die Informationen in dein Heft. (▶ Méthodes, p. 178)

b Hör dir den Text noch einmal an. Stelle dir vor, dass du mit den Jugendlichen zusammen bist, und reagiere nun auf die Frage der Frau.

_____

_____

Médiation

6 **a** Yanis, dein französischer Austauschpartner, ist bei dir zu Besuch und ihr geht in die Schulkantine Mittag essen. Yanis kann noch nicht so gut Deutsch und versteht nicht alles. Du erklärst ihm das Wichtigste auf Französisch. (▶ Méthodes, p. 184)

Freitag, 8. Juni 2012

	Menü 1	**Menü 2**
VORSPEISE	Tomatensalat	Tomatensuppe
HAUPTSPEISE	Spaghetti mit Tomatensauce	Fisch in Senfsauce mit Kartoffelpüree
NACHTISCH	Joghurt	Obstsalat

Du: Was willst du essen?

Yanis: Euh, je ne comprends pas bien le menu. Qu'est-ce que cela veut dire «Vorspeise», «Hauptspeise« et «Nachtisch» ...

Du: _____

Yanis: Alors, comme plat, il y a des spaghettis à la sauce tomate. Non, je n'aime pas trop les spaghettis. Et dans le menu 2, il y a ... euh «Kartoffelpüree», je comprends, c'est la purée de pommes de terre, mais qu'est-ce que ça veut dire «Fisch in Senfsauce»?

Du: _____

Yanis: Et comme dessert, il y a une salade? Vous mangez la salade comme dessert?

Du: _____

Yanis: Ah, d'accord, alors, je prends le menu 2.

À table:

Yanis: Zut, le pain n'est pas sur la table. Il n'y a pas de pain?

Du: _____

b Spielt die Szene zu zweit in der Klasse.

Regarder et comprendre

  7

Va sur le site scook.de/bayern et tape le code, page 1.
Regarde le film et fais l'exercice p. 90.

VOLET 3

Vocabulaire

1 Qu'est-ce qu'il y a dans le quartier Kléber? Décris. Utilise: *Il y a un/une/des.* | **Was gibt es in diesem Viertel?**

_____

_____

_____

_____

_____

Grammaire

2 a **Grammaire mixte: Qu'est-ce qu'ils ont, qu'est-ce qu'ils n'ont pas?** | **Was haben sie, was haben sie nicht?** Bilde die Sätze. Utilise *un, une, des* **et** *ne ... pas de/d'*.

1. Max – un chien – ~~chat~~   *Max a un chien. Il n'a pas de chat.* _____

2. Chloé – des bédés – ~~livres~~   *Chloé* _____

3. Paul et Tim – des sœurs – ~~frères~~   *Paul et Tim* _____

4. Eva et Yanis – une guitare – ~~flûte~~   *Eva et Yanis* _____

5. Tu – des pierres – ~~figurines~~   _____

6. Nous – des cahiers – ~~livres~~   _____

7. Vous – une armoire – ~~étagères~~   _____

b Et toi? Qu'est-ce que tu as? Qu'est-ce que tu n'as pas? Écris encore trois phrases comme en **a** dans ton cahier.

3 Décris les illustrations. | Beschreibe die Bilder. Es gibt mehrere Möglichkeiten.

Utilise: *beaucoup de …* et *ne … pas de*, *trop de …* et *ne … pas assez de*, *assez de …* et *ne … plus de*.

livres / ~~étagères~~

pain / ~~eau~~

frères / ~~sœurs~~

spaghettis / ~~sauce tomate~~

cafés / ~~boulangeries~~

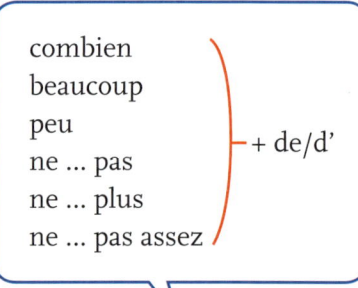

sport / ~~copains~~

1. *Elle a trop de livres mais elle n'a pas* _____

2. _____

3. _____

4. _____

5. _____

6. _____

4 *De/d'* ou *des*? Complète.

Notre ville n'est pas grande, on peut faire beaucoup _____

choses à pied. Au centre, il y a _____ magasins, _____

boulangeries. Mais il n'y a plus _____ supermarché.

Il y a un centre commercial loin du centre.

Au centre, il y a aussi _____ cinémas. Combien _____ cinémas?

Trois cinémas. Il n'y a pas assez _____ activités pour les jeunes. On n'a

pas _____ piscine, par exemple. Et il n'y a pas _____ stade.

> combien
> beaucoup
> peu
> ne … pas   } + de/d'
> ne … plus
> ne … pas assez

Parler

5 Prépare le dialogue p. 83 et joue-le en classe avec ton/ta partenaire.

Écrire

6 Dans un mail, ton correspondant te pose beaucoup de questions. Réponds. | Dein Austauschpartner stellt dir in einer Mail viele Fragen über deinen Wohnort. Beantworte die Fragen in einer Antwortmail.

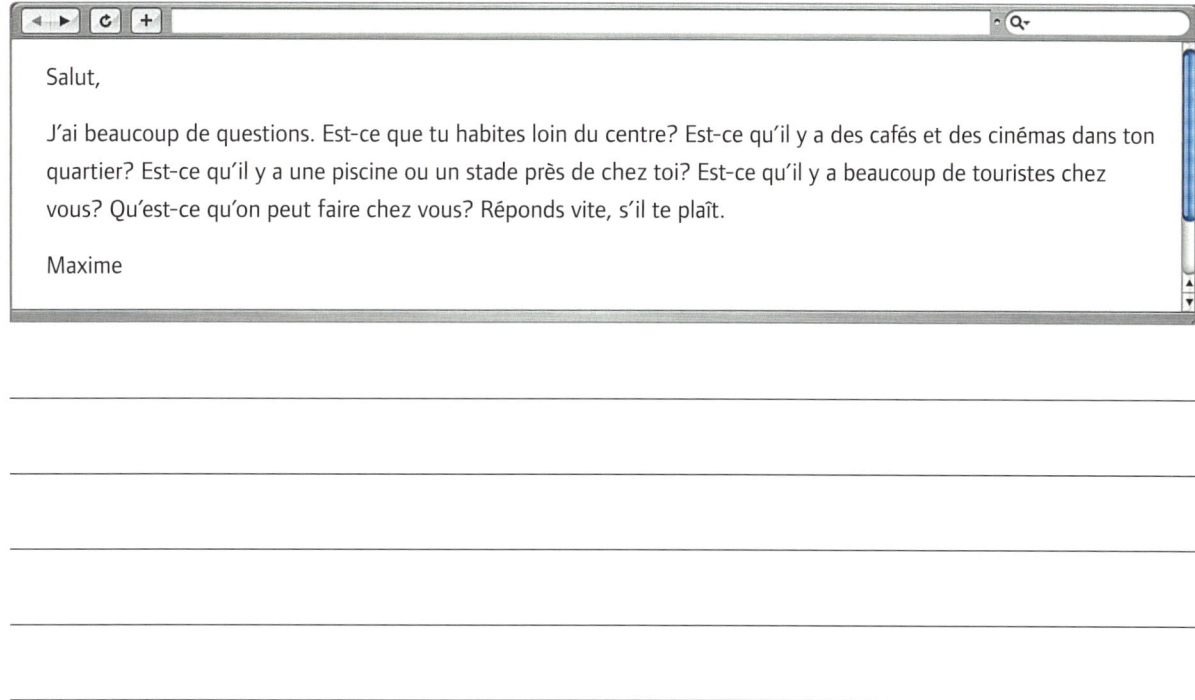

Salut,

J'ai beaucoup de questions. Est-ce que tu habites loin du centre? Est-ce qu'il y a des cafés et des cinémas dans ton quartier? Est-ce qu'il y a une piscine ou un stade près de chez toi? Est-ce qu'il y a beaucoup de touristes chez vous? Qu'est-ce qu'on peut faire chez vous? Réponds vite, s'il te plaît.

Maxime

Médiation

7 Vom *Office de Tourisme* in Straßburg habt ihr eine Information über die Astronomische Uhr im Straßburger Münster bekommen. Ihr überlegt, ob ihr sie bei eurer Klassenfahrt besichtigen sollt. Es ist deine Aufgabe, dir den Prospekt anzusehen und deiner Klasse darüber zu berichten. Was willst du deiner Klasse berichten? Lies dir den Prospekt durch, mach dir Notizen auf Deutsch.

1. Was kostet der Eintritt für deine Klasse am Samstag? Und am Sonntag?
2. Wann sollte man die Uhr besichtigen?
3. Was kann man da sehen?

Horloge astronomique de la cathédrale de Strasbourg

Une montre géante de la Renaissance dans la cathédrale de Strasbourg

L'horloge d'aujourd'hui est le travail de J.-B. Schwilgué (1842).
Elle indique l'heure, le jour, la semaine, le mois, la saison et plus encore!
Des automates s'activent tous les jours à 12 h 30 et racontent l'histoire de la vie en quatre âges: un enfant, un adolescent, un adulte, un vieillard passent devant la mort et les 12 Apôtres devant Jésus.

Heures d'ouverture et tarifs des visites
Tous les jours de 7 h 00 à 19 h 00.
▌ **11 h 45:** entrée dans la Cathédrale
   par la porte St Michel (côté Sud,
   Place du Château)
▌ **12 h 00:** film sur l'histoire de l'horloge
▌ **12 h 30:** jeu des automates

▌ **Tickets:** de 9 h 00 à 11 h 30
   (à côté de la Porte de l'Horloge)
   2 € par personne
   1,50 € pour les groupes (minimum 12 personnes), les étudiants et les enfants de 6 à 18 ans
   gratuit pour les enfants (moins de 6 ans) + les dimanches et jours fériés

1   **Qu'est-ce qu'on dit?**

Qu'est-ce qui va ensemble? | Ordne die Antworten den Fragen zu. Eine Frage ist zu viel.

Qu'est-ce qu'il y a à la cantine, aujourd'hui?   **1**

Qu'est-ce que ça veut dire, «Kaninchen»?   **2**

Et qu'est-ce qu'il y a comme dessert?   **3**

Qu'est-ce que tu prends?   **4**

Comment est-ce qu'on dit «moutarde» en allemand?   **5**

Tu ne manges plus?   **6**

Tu veux mon dessert?   **7**

a   Oui! Merci!

b   Il y a des spaghettis.

c   «Lapin».

d   «Senf».

e   Non, je n'ai plus faim.

f   Il y a des fruits.

Auf welche Frage gibt es keine Antwort? _____

Denke dir eine Antwort auf die Frage aus: _____

2   **Wortschatz**

Complète. | Ergänze die fehlenden Nomen.

Au centre, près de _____ , il y a _____ ,

_____ et _____ .

Mais moi, j'habite loin du centre. À côté de chez moi, il y a _____

et _____ . Mais il n'y a pas de _____ .

Et il n'y a pas de _____ non plus. Et ça, c'est super.

3   **Die Verben**

a   **Grammaire mixte:** Complète par les formes de *prendre*, *comprendre* et *vouloir* et l'article défini.

À midi, Jan _____ manger à _____ cantine avec _____ correspondants de Strasbourg.

Comme plat, il y a «spaghettis» ou «lapin à la moutarde». Jan ne _____ pas

_____ mot «moutarde». Alors, il _____ _____ spaghettis. Comme dessert,

il _____ _____ gâteau au chocolat. Après _____ déjeuner, il _____ faire

une rallye avec _____ corres.

b   **Réécris le texte. Commence par** *Jan et Nora …* |
   Schreibe den Text um. Beginne mit: *À midi, Jan et Nora …*

À midi, Jan et Nora ….

c Complète par les formes de *prendre*.

1. Qu'est-ce que

vous _____ ?

2. Je _____

un jus de fruits.

3. Et nous, nous

_____ deux croissants

et deux jus de fruits.

4 Die Verneinung mit *ne ... plus*

Réponds aux questions et utilise *ne ... plus*. | Beantworte die Fragen und verwende *ne ... plus*.

1. Est-ce que les élèves sont encore sur le bateau à midi?

_____

2. Est-ce que Clara veut encore manger?

_____

3. Est-ce que les élèves retournent sur la place Kléber?

_____

5 Die Mengenangaben

Dans un mail, Marcus décrit sa ville. Complète le texte. | Marcus beschreibt seine Stadt. Ergänze den Text mit den Angaben in Klammern.

Au centre-ville, il y a _____ *(viele)* cafés et _____ *(viele)* bars. Il _____

y a _____ *(kein ... mehr)* supermarché. Le week-end, au centre, il y a _____ *(zu*

viele) touristes. Dans mon quartier, il _____ y a _____ *(nicht genug)* activités pour les

jeunes. Près de chez moi, il y a une piscine. Mais il _____ y a _____ stade *(kein)*.

6 Sprachmittlung

a Wie heißen die folgenden Gerichte auf Französisch?

Karottensalat	**=**	_____
Obstsalat	**=**	_____
Grüner Salat	**=**	_____
Fisch in Currysauce	**=**	_____

b Lies dir das Menü durch und erkläre einem Freund, der kein Französisch versteht, was es als Vorspeise, Hauptgericht und Nachspeise zur Auswahl gibt. Schreibe in dein Heft.

Menu Vendredi
···
Salade de carottes
ou
Pâté mexicain
*
Lasagnes
ou
Poisson au curry
Salade verte
*
Salade de fruits
ou
Crème chocolat

VOLET 1

Vocabulaire

1 Retrouve les mois de l'année. Écris-les dans le bon ordre. | Finde die Monate wieder. Schreibe sie in der richtigen Reihenfolge auf.

janvierseptembremarsmaijuilletoctobredécembreavrilfévrierjuinnovembreaoût

1. *janvier*   4.   7.   10.

2.   5.   8.   11.

3.   6.   9.   12.

Écouter et comprendre

27 **2** Écoute et relie les noms à la bonne date d'anniversaire. | Hör dir den Text an und verbinde die Namen mit dem richtigen Geburtsdatum.

Sandrine	**1**	**a**	le 1er janvier
Louis	**2**	**b**	le 7 juin
Daniel	**3**	**c**	le 13 mai
Lila	**4**	**d**	le 15 septembre
Arielle	**5**	**e**	le 29 février
Xénia	**6**	**f**	le 31 août
Madame Richard	**7**	**g**	le 9 mars

3 Lukas hat einen Zahlencode erstellt, um sicherzugehen, dass Théo seine zwei Geschenke nicht errät.

a	â	b	c	d	e	f	g	h	i	j	k	l	m	n	o	p	q	r	s	t	u
67	68	69	70	75	76	77	78	79	80	85	86	87	88	89	90	95	96	97	98	99	100

28 **a** Hör dir die Zahlen an und notiere die entsprechenden Buchstaben. Schreibe dann den unbestimmten Artikel vor die Nomen.

Les cadeaux de Théo:

     et

b À toi! | Denke dir ein Geschenk für deine/n Partner/in aus und diktiere ihm/ihr einen Zahlencode wie in **a**. Schreibe die Lösung hier auf.

VOLET 2

Vocabulaire

1 Complète. | Ergänze die fehlenden Nomen.
(▶ Texte, p.137)

> courses gâteau chanson
> cadeau figurine recette fête librairie

1. Clara et ses amis veulent faire un _____ à Théo. 2. Noah va composer

une _____. 3. Clara et Lukas vont acheter une _____

dans une _____ et Noah va préparer un _____. 4. Il trouve la

_____ sur Internet. 5. Jade va faire les _____.

6. Après, les amis vont retrouver Théo pour sa _____.

Lire et comprendre / Écrire

2 Lis et complète. Puis complète aussi la carte postale.

C'est ici les cadeaux!

Voilà nos idées pratiques pour des cadeaux pas chers …
Complète le nom des 4 cadeaux! Écris une carte avec ton nom, prénom, adresse, ta date d'anniversaire
et les 4 cadeaux. Tu vas peut-être avoir une surprise pour ton anniversaire!

Boule à _____
Charmant: Tea time
avec mamie
ou oncle Charles!   **3,90 €**

_____
pour tes notes secrètes
Sympa, non?   **5 €**

?
eau
?
thé

Photos à l'_____
Un classique: tu fais clic …   **2,50 €**

Porte-_____
Comme un grand,
tu rentres chez toi.   **1,50 €**

Voici les quatre cadeaux:

1) _____

2) _____

3) _____

4) _____

Mon anniversaire, c'est le _____

Moi, c'est _____

J'habite _____

_____

Rédaction MIKADO
Action : Cadeaux d'anniv'
75014 Paris Cedex

Grammaire

3 a Souligne le verbe et note l'infinitif. | Unterstreiche das Verb und schreibe den Infinitiv auf.
(▶ Verbes, p.190)

1. Ils <u>achètent</u> un gâteau pour Théo. *acheter* _____

2. J'appelle Lukas, d'accord? _____

3. Est-ce que Clara préfère aller au théâtre ou au cinéma? _____

4. Répète, s'il te plaît. _____

5. Où est-ce que vous achetez votre pain? _____

6. Nous répétons la chanson. _____

b Choisis deux verbes de **a** et conjugue-les dans ton cahier. | Suche dir zwei Verben aus **a** aus und konjugiere sie in deinem Heft.

4 a Complète les définitions. Utilise *le, la, l', les*. | Ergänze die Definitionen. Verwende *le, la, l', les*.
(▶ Repères, p.147/3)

1. La fête: On peut _____ faire pour son anniversaire et _____ préparer avec des amis.

2. Le gâteau: On _____ achète à la boulangerie ou on _____ fait à la maison!

3. Les chansons: On _____ écoute et on _____ chante.

b À toi! Écris dans ton cahier. Trouve la définition de deux mots comme en **a**. En classe, ton/ta partenaire la complète. | Denke dir zwei Definitionen wie in **a** aus. Dein/e Partner/in ergänzt sie mit den richtigen direkten Objektpronomen.

5 **Grammaire mixte: Complète par** *me/m', te/t', le/la/l', les* **el les verbes.**

Noah: Tu _____ (*aimer*) l'album des BB Brunes?

On pourrait _____ écouter sur la minichaîne de la cuisine!

Jade: Oui, super! Alors, notre recette, on _____ (*pouvoir*)

_____ faire maintenant? _____ (*écouter*): «Prenez les œufs ...» Tu _____ as?

Noah: Lalalala ... Pardon! Je _____ écoute! Les œufs _____ (*être*) là! Et voilà la farine,

le paquet de sucre ... Mais où _____ (*être*) le beurre? Je ne _____ trouve pas!

Jade: Zut, le beurre! Je _____ (*retourner*) au supermarché! Tu _____ accompagnes ou

je _____ retrouve ici?

Écrire

 6 Alexandre et son père font les courses. Qu'est-ce qu'ils achètent?

_____

_____

_____

_____

Écouter et comprendre

 7 Jade et sa mère préparent la liste des courses. Jade note.

 a Écoute et fais la liste avec Jade. Écris dans ton cahier.

b Maintenant, regarde le dessin et compare avec la liste. Une chose de la liste n'est pas sur le dessin. Note-la. | Vergleiche die Zeichnung mit der Liste. Etwas fehlt. Schreibe auf, was.

_____

_____

Parler

 8 Prépare le dialogue p. 84 et joue-le en classe avec ton/ta partenaire.

Regarder et comprendre

 9

Va sur le site scook.de/bayern et tape le code, page 1.
Regarde le film et fais l'exercice p. 90.

VOLET 3

Lire et comprendre

1 Relis le texte p. 141. Qui pense quoi? Écris le(s) prénom(s) à côté des phrases. | Lies den Text S. 141 noch einmal. Wer denkt was? Trage den oder die Vornamen neben die Sätze ein.

> Lukas   Théo   Yasmine
> Noah   Jade   Clara

1 Est-ce qu'ils vont être à l'heure? _____

2 Les jeux vidéo, ça va cinq minutes, mais on ne va pas rester devant l'ordinateur pendant 5 heures! _____

3 Ça va, ils aiment mon DVD! _____

4 Ils sont drôles, mais là, je ne comprends pas la blague! _____

5 Clara danse bien! _____

6 Est-ce que Théo va aimer ma chanson? _____

Vocabulaire

2 a Salade d'anniversaire! | Im Raster sind 14 Nomen versteckt. Finde und markiere sie.

B	V	C	F	A	T	A	B	O	U	L	É
R	R	A	R	N	D	I	S	M	P	P	I
E	L	M	A	N	J	X	A	G	C	B	T
T	D	B	I	I	E	J	L	Â	A	O	R
Z	Y	I	S	V	U	P	A	T	S	U	A
E	R	A	E	E	X	A	D	E	K	G	E
L	C	N	S	R	B	N	E	A	E	I	O
S	H	C	O	S	Y	A	F	U	T	E	R
Z	I	E	H	A	C	N	W	Z	C	S	A
P	P	Y	K	I	J	A	V	N	H	B	N
M	S	E	X	R	P	S	O	C	E	I	G
P	O	I	R	E	J	Z	E	L	S	D	E

> Die meisten dieser Wörter brauchst du in **b**.

b Complète le texte avec des mots de **a**. | Ergänze den Text mit Wörtern aus **a**.

Il y a une fête chez Clara! Théo arrive avec deux cadeaux: un CD et … une invitation au cinéma!

Il y a un buffet avec une _____ de fruits et un cocktail avec des

_____. Il y a aussi deux bouteilles de jus _____. Devant les

bouteilles, il y a des _____, des _____ et un _____.

Et bien sûr, un _____ à la _____ et au chocolat avec des

_____! Un, deux, trois, Clara les souffle! Joyeux _____!

Les copains chantent des chansons, font des _____, regardent des

_____ d'Omar et Fred. L'_____ est super!

Grammaire

3 Complète par les formes de *entendre* et *attendre*. | Ergänze mit den Formen der Verben *entendre*
und *attendre*. (▶ Repères, p. 147/4)

Je ne vous **entends** pas!

Attends! On arrive!

1. – Nous sommes à côté d'Arte.

   – Mais nous vous _____ (attendre) dans le Parc de l'Orangerie!

2. Vous pouvez répéter, s'il vous plaît, on ne vous _____ (entendre) pas.

3. Ah, vous êtes là! Vos élèves vous _____ (attendre) au CDI.

4. Karim, Yasmine, _____ (attendre), s'il vous plaît!

4 **Grammaire mixte:** Forme les phrases. | Finde die richtige Reihenfolge der Wörter wieder, konjugiere die
Verben und schreibe die Dialoge auf. (▶ Repères, p. 147/3)

1

– On / *retrouver* / vous / à midi, / d'accord?

_____

_____

– Nous / devant la cantine. / *attendre* / vous

_____

_____

2

– Les garçons, / vous / *aider*, / nous / s'il vous plaît?

_____

_____

– Ils / pas. / t' / *entendre* / ne

_____

_____

3

– *retrouver* / vous / On / au parc?

_____

_____

– *inviter* / Non, / vous / à la maison. / je

_____

_____

4

– Est-ce que / *prendre* / les / vous

_____

_____

– d'abord / *vouloir* / Non, / les / je / écouter.

_____

_____

Écrire

5 Imagine l'histoire et raconte-la dans ton cahier. | Sieh dir die Bilder an und erzähle die Geschichte von Yasmines Geburtstag. Du kannst auch Dialoge zu den Bildern schreiben. Schreibe in dein Heft.

1 Qu'est-ce qu'on dit?

Wie sagst du das auf Französisch? Schreibe in dein Heft.

1. Du möchtest wissen, wann dein Freund Geburtstag hat.
2. Du sagst deiner Freundin, dass du dich auf sie verlässt.
3. Du fragst, wer mitkommen will.
4. Du gratulierst jemandem zum Geburtstag.
5. Du möchtest ein Geschenk kaufen und fragst nach dem Preis.
6. Du findest das Geschenk zu teuer.

2 Das Datum

Schau dir einen Kalender an und schreibe das Datum auf Französisch auf.

1. Erster Weihnachtstag: *le 25 décembre* _____

2. Tag der Arbeit: _____

3. Neujahrstag: _____

4. Martinstag: _____

5. Valentinstag: _____

6. Tag der deutschen Einheit: _____

3 Die Zahlen bis 100

Bingo! Hör dir die Zahlen an und kreise diejenigen ein, die angesagt werden. Welche Zahlen bilden eine Dreierreihe?

61	78	91
52	74	87
82	66	99

_____

4 Die Verben

Grammaire mixte: Die Verben *acheter*, *entendre* **und** *attendre*. **Ergänze mit den korrekten Verbformen.**

1. _____ mes fraises, trois euros le kilo!

2. Maman, tu m'_____ un bretzel, s'il te plaît?

3. Allô? ... Allô? Je ne t'_____ pas, qu'est-ce qu'il y a?

4. – Pardon, est-ce que le tram D passe par ici?

   – Oui, nous l'_____, il va bientôt arriver.

5. Vous êtes en retard! Tout le monde vous _____.

5   Die Mengenangaben

Tu veux préparer un gâteau à la banane et des cocktails de fruits. Qu'est-ce que tu achètes?

a   **Coche les choses pour la liste des courses.**

☐ farine   ☐ chocolat   ☐ œufs   ☐ lapin   ☐ fraises   ☐ ananas

☐ moutarde   ☐ jus d'orange   ☐ poisson   ☐ sucre   ☐ bananes   ☐ pain

b   **Écris ta liste. Utilise:** *paquet de, bouteille de, kilo de.*

_____

_____

_____

6   Die direkten Objektpronomen

Grammaire mixte: Complète par les verbes et les pronoms objet direct *me/m',*
te/t', nous, vous, l'/le/la, les.

Bonjour, je _____ (*chercher*) les mangas.
Où est-ce que je peux _____ trouver?

Tu _____ _____ (*attendre*)?

Bon, d'accord, je _____ _____ (*attendre*).

Pourquoi est-ce que vous _____ _____ (*détester*)?

Mais, non, nous _____ adorons!

Tu _____ (*aimer*) la musique de ZAZ?

Oui, je _____ écoute beaucoup en ce moment.

VOLET 1

Vocabulaire

1 Qu'est-ce qu'on peut faire pendant les vacances?

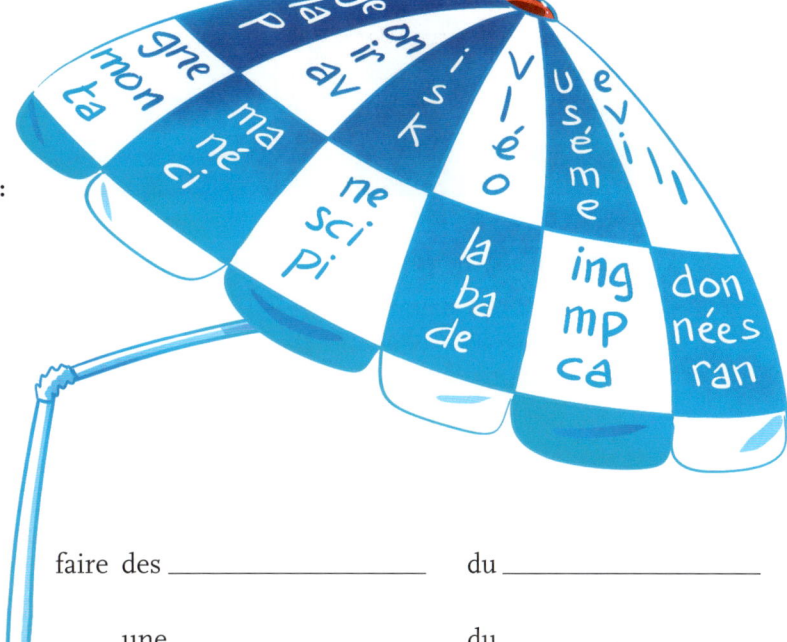

a Trouve les mots cachés puis complète:

Pendant les vacances, on peut:

aller à la _____

à la _____

à la _____

au _____   faire des _____   du _____

visiter une _____   une _____   du _____

un _____   du _____   de l'_____

b Et qu'est-ce qu'on peut faire encore? Trouve trois autres activités.   (▶ Liste des mots, p. 198–220)

1. _____

2. _____   3. _____

Écouter et comprendre

2 a Écoute et coche leurs activités préférées. | Einige Zeichnungen bleiben übrig!

b Écoute encore une fois et note tout ce qu'on apprend sur les trois jeunes.

Écrire

3 Pendant les vacances tu restes à la maison. Qu'est-ce que tu vas faire? Écris dans ton cahier.

VOLET 2

Écouter et comprendre

🎧 **1 a** Écoute et note le numéro du dialogue. | Ein Bild ist zu viel.
33

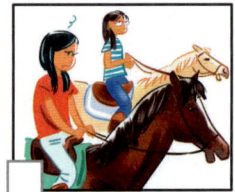    

b Réponds aux questions:
1. Qu'est-ce que le garçon veut faire (dialogue 2)?
2. D'où vient la fille? (dialogue 3)?
3. Quel est le problème de la fille? (dialogue 4)?

Vocabulaire

2 a Complète. | Vervollständige die Wettervorhersage.

Mesdames et Messieurs, bonsoir! Voilà la météo pour demain ... Beaucoup de soleil à _____ et à _____ . Il va faire très chaud à _____ ! Il ne fait pas très beau à _____ et il pleut beaucoup à _____ .

b Quel temps est-ce qu'il fait chez toi aujourd'hui? _____

3 La pluie a effacé des mots sur la carte de Jade. Complète. | Der Regen hat einige Wörter auf der Karte von Jade verwischt. Ergänze sie. Es gibt mehrere Möglichkeiten.

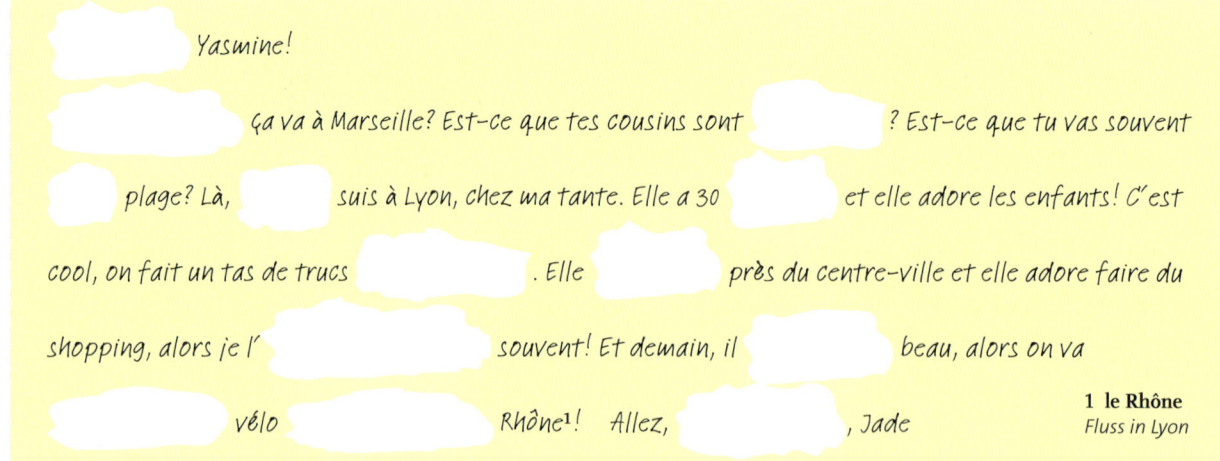

_____ Yasmine!

_____ Ça va à Marseille? Est-ce que tes cousins sont _____ ? Est-ce que tu vas souvent _____ plage? Là, _____ suis à Lyon, chez ma tante. Elle a 30 _____ et elle adore les enfants! C'est cool, on fait un tas de trucs _____ . Elle _____ près du centre-ville et elle adore faire du shopping, alors je l' _____ souvent! Et demain, il _____ beau, alors on va _____ vélo _____ Rhône[1]! Allez, _____ , Jade

1 le Rhône
Fluss in Lyon

S'entraîner

4 **a** Qu'est-ce qu'ils font pendant leurs vacances? Complète. Utilise *pour* + l'infinitif.
(▶ Repères, p. 162/1)

1. Je voudrais aller à Paris _____

2. Noah monte sur la tour Eiffel _____

3. Les Vosges sont super _____

4. Clara retrouve Lukas _____

b À vous! Écrivez et dessinez quatre phrases comme en **a**. | Schreibt und malt vier Sätze wie in **a**.
Trennt die Anfänge von den Enden und lasst euren Partner/eure Partnerin puzzeln.

5 **a** Dans le blog de Cédric, il manque[1] les adjectifs. Retrouve la bonne place pour les adjectifs entre
parenthèses. Complète et fais attention à l'accord. Écris dans ton cahier. 1 **il manque** *hier:* es fehlen

> Aujourd'hui, je suis parce que je vais aller au Louvre avec Sabrina. Sabrina est mon amie et le Louvre,
> c'est son endroit à Paris. (préféré / content / allemand) Le Louvre, c'est un musée et Sabrina est une
> fille et très. (intelligent / sympathique / immense) Elle lit beaucoup de livres et elle parle bien fran-
> çais. C'est une chose parce que moi, je suis en allemand! (nul / pratique / intéressant) Sabrina est
> aussi une fille très mais elle parle de choses. J'adore l'écouter. Ça va être une journée.
> (magnifique / bavard / intéressant)

b Écris le blog de Sabrina. Elle parle de Cédric et de Paris. Utilise au moins huit adjectifs de **a**.
Écris dans ton cahier.

Réviser

6 **Grammaire mixte:** Clara et sa grand-mère veulent préparer une salade de fruits. Elles sont au supermarché.
Qu'est-ce qu'elles achètent? Complète par *ce/cet/cette/ces* et les verbes. (▶ p. 149/6)

–Regarde, _____ fraises _____ (*être*) super!

Elles _____ (*coûter*) trois euros.

–C'est trop cher! Pour la salade de fruits,

on _____ (*prendre*) _____ pomme,

_____ banane, _____ ananas et _____ orange.

–_____ (*prendre*) aussi _____ poire. Et pour _____ soir, on pourrait

_____ (*prendre*) _____ bonbons et _____ chips. D'accord?

–Bonne idée! Et pour demain on _____ (*acheter*) _____ gâteau.

Regarder et comprendre

7

Va sur le site scook.de/bayern et tape le code, page 1.
Regarde le film et fais l'exercice p. 91.

Parler

8 Prépare le dialogue p. 85 et joue-le en classe.   (▶ Méthodes, p. 179)

Lecture

9 **a** Lis l'histoire.

Les vacances, c'est la liberté!

C'est l'été. C'est samedi. C'est les vacances. Victor et ses parents arrivent en Bretagne. Ils vont passer l'été au bord de la mer. C'est super! La maison est jolie, il y a un hamac dans la cour, la plage n'est pas loin, il fait beau, Victor est
5 content: Vive les vacances! Vive la liberté!

Dans la maison à côté, il y a une fille. Elle a l'âge de Victor, elle est devant sa maison, elle a des jumelles, elle regarde quelque chose, mais quoi? Victor ne sait pas.

Il veut aller à la plage, mais ses parents l'appellent: Vic-
10 tor, tu es où? On va au village! Vite! Le château ferme à 17 heures!

Zut, la plage, c'est pour demain! Victor accompagne ses parents au village.

C'est dimanche, c'est les vacances et il fait beau! Mainte-
15 nant, Victor veut regarder une BD dans son hamac. Il va dans la cour. La fille est là, devant sa maison, elle a toujours ses jumelles et elle regarde encore quelque
20 chose. Qu'est-ce que ça peut être? Les garçons et les filles sur la plage? Un chien? Un chat? Des animaux dans la nature? Les bateaux sur la mer?
25 Elle attend, mais qu'est-ce qu'elle attend?

Victor rêve un peu dans son hamac, mais ses parents l'appellent encore: Ils veulent emprunter des VTT… C'est pratique: Avec les VTT, ils peuvent faire du sport ET visi-
30 ter la région!

Zut, le hamac c'est pour demain! Victor fait une randonnée à VTT avec ses parents.

On fait trop de trucs, ce n'est pas drôle!

Ça continue comme ça pendant toutes les vacances[1]:
35 Victor fait beaucoup de choses avec ses parents et la fille reste devant sa maison avec ses jumelles.

Quand Victor va en balade, elle est là. Quand Victor rentre à la maison, elle est là. Victor ne comprend pas. Est-ce qu'elle a un problème? Pourquoi est-ce qu'elle re-
40 garde la plage mais ne va pas à la plage? Ça fait beaucoup de questions …

Est-ce qu'elle va être là quand je vais rentrer? Qu'est-ce qu'elle regarde?

Demain, c'est le départ. Victor et ses parents vont rentrer à Strasbourg parce que c'est bientôt la rentrée. C'est le moment. Alors Victor va chez la fille …

1 **toutes les vacances** die ganzen Ferien

b Imagine une fin pour tes camarades et note-la sur une feuille: Qui est la fille? Qu'est-ce qu'elle regarde?

1 Qu'est-ce qu'on dit?

Wie sagst du auf
Französisch,

– dass du zwei Wochen mit deinen Großeltern am Ammersee verbringen wirst?

– dass ihr zelten werdet?

– dass du im Ammersee baden wirst und

– dass ihr Wanderungen machen werdet?

2 Wortschatz

a Complète.

b Quel temps est-ce qu'il fait? Complète.

_____ _____ _____

3 Grammatik

Grammaire mixte: Complète le mail de Théo par *quand*, *pour* **et les formes des verbes** *être, jouer, aller*.

Salut Noah! Je _____ dans les Pyrénées, dans un camping[1]. Il y a un restaurant et une piscine. La

piscine, c'est super _____ il fait chaud! _____ il pleut, on _____ des parties de

cartes sous la tente. Et _____ mes parents m'énervent, je _____ à la salle de jeu[2]

_____ jouer sur l'ordinateur! Demain, on va aller à Foix _____ visiter le château.

Alors, c'_____ cool, Paris? Tu m'appelles _____ tu rentres? Je voudrais te retrouver

_____ regarder tes photos de Paris.

À plus, Théo

1 le camping *hier:* der Campingplatz   **2 la salle de jeu** der Spieleraum

Le jeu des vacances

Règles du jeu
Spielregeln

Ihr könnt dieses Spiel zu dritt, zu viert oder zu fünft spielen.

In jeder Gruppe übernimmt eine/r von euch die Rolle des Spielleiters / der Spielleiterin.

Zum Spielen braucht ihr: einen Würfel, einen Stein (oder einen Knopf) pro Spieler/in.

Die Spieler decken die Seite mit den Lösungen ab und haben das Spielbrett vor sich (▶ S. 77), der Spielleiter / die Spielleiterin hat die Fragen und die Lösungen vor sich. (▶ S. 76)

Ihr würfelt der Reihe nach. Der Spielleiter / die Spielleiterin liest die entsprechende Frage vor und überprüft die Antwort mit Hilfe der Lösungen. Wer nicht richtig antwortet, kehrt zu seinem Ausgangsfeld zurück. Wer zuerst am Reiseziel angekommen ist, hat gewonnen.

Questions	**Réponses**

Plage: Parlons Français

1	Du fragst einen neuen Schüler nach seinem Namen.	Tu t'appelles comment?
2	Du fragst jemanden nach seinem Alter.	Tu as quel âge? / Vous avez quel âge?
3	Du sagst, dass du in Deutschland wohnst.	J'habite en Allemagne.
4	Du fragst Freunde, was sie heute vorhaben.	Qu'est-ce que vous faites aujourd'hui?
5	Du gratulierst jemandem zum Geburtstag.	Joyeux anniversaire!
6	Du sagst, dass du Hunger hast.	J'ai faim.
7	Du sagst, dass du Hunde magst, dass du aber Katzen lieber magst.	J'aime (bien) les chiens mais je préfère les chats.
8	Du fragst deinen Lehrer, ob er etwas wiederholen kann.	Monsieur, vous pouvez répéter, s'il vous plaît?

Globe: Grammaire

1	Wie lautet die 2. Person Plural des Verbs „faire" im Präsens?	vous faites
2	Buchstabiere „nous mangeons".	m-a-n-g-e-o-n-s
3	Verneine den Satz: „J'aime les spaghettis."	Je n'aime pas les spaghettis.
4	Wie sagst du auf Französisch: „Léa ist meine Freundin."?	Léa est mon amie.
5	Wie lauten die 1. Person Singular und die 1. Person Plural des Verbs „être" im Präsens?	je suis, nous sommes
6	Setze den Satz in den Plural: „Mon frère veut faire une balade."	Mes frères veulent faire une balade.
7	Wie lautet die Frage zum Satz: „Je vais au collège **à huit heures**."?	À quelle heure est-ce que tu vas au collège?
8	Sage auf Französisch: „Morgen werde ich ins Schwimmbad gehen."	Demain, je vais aller à la piscine.

Feu d'artifice: La France et les Français

1	La Montagne des Singes est **a** dans les Pyrenées **b** près de Paris **c** en Alsace.	**c** en Alsace
2	C'est un endroit à l'école. Les enfants mangent là-bas à midi.	la cantine
3	C'est un quartier de Strasbourg avec des maisons du Moyen-âge.	la Petite France
4	Genève est en France. Vrai ou faux?	faux: C'est en Suisse.
5	SVT, qu'est-ce que ça veut dire?	Sciences de la Vie et de la Terre
6	Tu es en France et tu réponds au téléphone. Qu'est-ce que tu dis?	Âllo?
7	ZAZ: **a** fait du foot **b** chante **c** fait du théâtre.	**b** chante
8	Wie heißt der „Genfer See" auf Französisch?	Le lac Léman

Plage
Parlons français
Tu réponds à une question «Qu'est-ce qu'on dit?».

Globe
Grammaire
Tu réponds à une question de grammaire.

Feu d'artifice
La France et les Français
Tu réponds à une question sur la France et les Français.

Ce sont les vacances!
Tu passes un tour.
Du setzt einmal aus.

Tu aimes les Pyrénées
Tu avances de deux cases. Du rückst zwei Felder vor.

Départ

P 1

G 1

F 1

P 2

P 5

G 5

P 4

F 5

G 4

P 6

F 4

G 6

Arrivée

F 6

F 3

F 7

F 8

P 3

P 7

G 8

G 3

G 7

P 8

F 2

G 2

Annexe

Tandem Unité 1/3 (p. 8)

So arbeitet ihr mit einem Tandembogen:

1. Mündliche Übung:
   - Legt fest, wer *Partenaire A* und wer *Partenaire B* ist.
   - *Partenaire A* sieht sich nur die linke Spalte an. *Partenaire B* sieht sich nur die rechte Spalte an.
   - *Partenaire A* liest den Satz A vor. *Partenaire B* vervollständigt den Satz B.
   - *Partenaire A* hilft oder korrigiert, wenn es nötig ist.
   - Dann liest *Partenaire A* den nächsten Satz vor.
   - Nach einem Durchgang tauscht ihr die Rollen.
   - Es gibt ein freies Feld unten auf der Seite? Dann denkt euch ein oder mehrere Beispiele aus und übt weiter.

Partenaire A	Partenaire B
A: Le garçon, c'est qui?	**A:** Le garçon, c'est qui?
B: C'est Lukas.	**B:** 
A: La fille, c'est qui?	**A:** La fille, c'est qui?
B: C'est Yasmine.	**B:**
A: Le garçon, c'est qui?	**A:** Le garçon, c'est qui?
B: C'est Théo.	**B:**
A: La fille, c'est qui?	**A:** La fille, c'est qui?
B: C'est Clara.	**B:**
A: Le garçon, c'est qui?	**A:** Le garçon, c'est qui?
B: C'est Noah.	**B:**
A: Le monsieur, c'est qui?	**A:** Le monsieur, c'est qui?
B: C'est Monsieur Martel.	**B:**
A: _____	**A:** _____
B: _____	**B:** _____

Lest euch noch einmal die Übungsanweisungen für die Tandembögen auf S. 78 durch.

Partenaire A	**Partenaire B**
A: Qu'est-ce qu'il y a entre l'armoire et le lit?	**A:** Qu'est-ce qu'il y a entre l'armoire et le lit?
B: Entre l'armoire et le lit, il y a une table.	**B:** Entre l'armoire et le lit, il y a 
A: Qu'est-ce qu'il y a sur la table?	**A:** Qu'est-ce qu'il y a sur la table?
B: Sur la table, il y a un ordinateur.	**B:** Sur la table, il y a 
A: Qu'est-ce qu'il y a sous la chaise?	**A:** Qu'est-ce qu'il y a sous la chaise?
B: Sous la chaise, il y a des stylos.	**B:** 
A: Qu'est-ce qu'il y a sur l'étagère?	**A:** Qu'est-ce qu'il y a sur l'étagère?
B: Sur l'étagère, il y a une collection de pierres.	**B:** 
A: Qu'est-ce qu'il y a dans l'armoire?	**A:** Qu'est-ce qu'il y a dans l'armoire?
B: Dans l'armoire, il y a des livres et une minichaîne.	**B:** 
A: Qu'est-ce qu'il y a devant le lit?	**A:** Qu'est-ce qu'il y a devant le lit?
B: Devant le lit, il y a une guitare.	**B:** 
A: Qu'est-ce qu'il y a derrière l'ordinateur?	**A:** Qu'est-ce qu'il y a derrière l'ordinateur?
B: Derrière l'ordinateur, il y a des clés.	**B:** 
A: Qu'est-ce qu'il y a sur le lit?	**A:** Qu'est-ce qu'il y a sur le lit?
B: Sur le lit, il y a un hamac.	**B:**
A: Qu'est-ce qu'il y a entre la lampe et la télé?	**A:** Qu'est-ce qu'il y a entre la lampe et la télé?
B: Entre la lampe et la télé, il y a un livre.	**B:**
A: _____	**A:** _____
B: _____	**B:** _____

1 Stell dir vor: Du hast eine/n französische/n Brieffreund/in. Fülle auf Französisch seinen/ihren Steckbrief aus.

Steckbrief von: _____

Foto

Name? _____

Alter? _____

Geschwister? _____

Wohnort? _____

Klasse? _____

Familienverhältnisse?
(Arbeiten die Eltern, sind sie
zusammen oder getrennt?) _____

Haustier? _____
(Wenn ja, welches?)

2 a Auch dein/e Partner/in hat eine/n französische/n Brieffreund/in. Partner/in A stellt Partner/in B Fragen auf Französisch über seinen/ihren Brieffreund/in. B antwortet. Benutzt den Steckbrief, um auf die Fragen zu antworten.

Du willst wissen,

… wie der/die Brieffreund/in heißt.

… wie alt er/sie ist.

… ob er/sie Geschwister hat.

… wo er/sie wohnt.

… in welche Klasse er/sie geht.

… ob seine/ihre Eltern arbeiten, ob sie zusammen oder getrennt sind.

… ob er/sie ein Haustier hat.

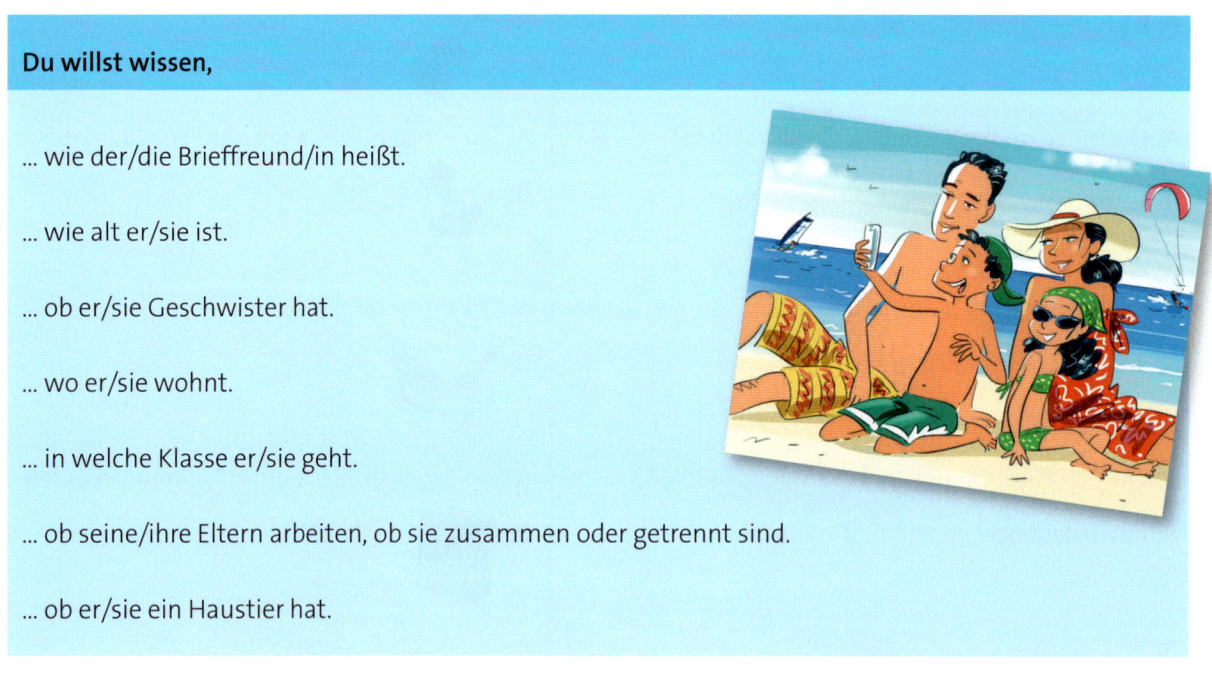

3 Tauscht die Rollen. A beantwortet die Fragen von B.

Mit diesem Tandembogen übt ihr

die Verben	*aimer/adorer/détester/préférer* + *le/la/l'/les*	+ Nomen.
und das Verb	*faire* + *du / de la / de l' / des*	

Lest euch noch einmal die Übungsanweisungen für die Tandembögen auf S. 78 durch.

Partenaire A	**Partenaire B**
A: Noah aime le sport?	**A:** Noah aime le sport?
B: Oui, il adore le sport. Il fait de l'athlétisme et du foot.	**B:** Oui, il *(adorer – le sport)*. Il *(faire –* [Bild] et – [Bild] *)*.
A: Clara déteste le sport?	**A:** Clara déteste le sport?
B: Non, elle aime le sport. Elle fait de l'athlétisme.	**B:** Non, elle *(aimer – le sport)*. Elle *(faire –* [Bild] *)*.
A: Lukas aime le sport?	**A:** Lukas aime le sport?
B: Oui, il aime le sport, il fait du tennis.	**B:** Oui, il *(aimer – le sport)*. Il *(faire –*  *)*.
A: Il aime aussi la musique?	**A:** Il aime aussi la musique?
B: Oui, il aime la musique, il fait de la flûte.	**B:** Oui, il *(aimer – la musique)*. Il *(faire –* [Bild] *)*.
A: Amandine aime la musique?	**A:** Amandine aime la musique?
B: Oui, elle adore la musique. Elle fait de la flûte.	**B:** Oui, elle *(adorer – la musique)*. Elle *(faire –* [Bild] *)*.
A: Simon aime le sport?	**A:** Simon aime le sport?
B: Oui, il adore le sport. Il fait du foot et du ski.	**B:** Oui, il *(adorer – le sport)* Il *(faire –* [Bild] et – [Bild] *)*.
A: Yanis déteste la musique?	**A:** Yanis déteste la musique?
B: Non, il adore la musique et il fait des percussions.	**B:** Non, il *(adorer – la musique)*. Il *(faire –* [Bild] *)*.
A: _____	**A:** _____
B: _____	**B:** _____

1 Stell dir vor: Du bist Schüler/in an einem französischen *Collège* und das ist ein Auszug deines Stunden-
planes. Ergänze ihn. Schreibe fünf Fächer und drei Freizeitaktivitäten auf.

	MARDI	MERCREDI	JEUDI
8:00	Français (salle 20)		
9:00	Maths (salle 13)		Maths (salle 11)
10:00			
11:00			Anglais (salle 15)
12:00			
13:00			CDI
14:00	Permanence		
15:00	Arts plastiques (salle 9)		
16:00			
17:00			
18:00			

2 Auch dein/e Partner/in hat seinen/ihren Stundenplan ergänzt. Partner/in A stellt Partner/in B Fragen
auf Französisch über seinen/ihren Stundenplan. B antwortet.

> Du willst wissen,
> ... um wie viel Uhr **B** dienstags in die Schule geht.
> ... ob **B** Musikunterricht hat.
> ... wann **B** Englisch hat.
> ... wo **B** dienstags Mathe hat.
> ... was **B** Mittwoch nachmittags macht.
> ... ob **B** ein Lieblingsfach hat. Wenn ja, warum **B** das Fach mag.
>
> Denke dir noch drei weitere Fragen aus.
>
> _____
>
> _____
>
> _____

3 Tauscht die Rollen. A beantwortet die Fragen von B.

Du bist das erste Mal in Straßburg bei deinem/deiner Austauschpartner/in zu Besuch. Ihr plant gemeinsam eine Stadtbesichtigung. Partner/in A spielt die Rolle des/der französischen Austauschpartners/Austauschpartnerin, Partner/in B spielt sich selbst (und spricht französisch).

1 Entscheidet, wer A und wer B ist, und spielt den Dialog.

Partenaire A = corres français/e	Partenaire B = corres allemand/e
– fragt, was B sehen möchte;	– möchte das Stadtzentrum sehen;
– sagt, dass das Zentrum nicht groß ist und dass ihr viele Sachen zu Fuß machen könnt;	– ist einverstanden;
– sagt, dass ihr auch das Viertel „La Petite France" besichtigen könnt;	– fragt, was man in dem Viertel besichtigen kann;
– sagt, dass es viele Häuser aus dem Mittelalter und Brücken gibt; und dass das sehr schön ist, aber ziemlich touristisch;	– findet das interessant;
– sagt, dass ihr Straßburg auch mit dem Boot besichtigen könnt und dass das Boot durch „La Petite France" fährt;	– findet das eine tolle Idee und fragt, wann ihr die Bootsfahrt machen könnt;
– um zehn Uhr;	– fragt, wann ihr zurückkommt;
– um 11.30;	– fragt, ob ihr auch noch das Schokoladenmuseum besichtigen könnt;
– bejaht, nach dem Mittagessen;	– fragt, ob ihr im Zentrum essen gehen könnt;
– sagt, ihr könnt auch im Schokoladenmuseum essen.	– ist ganz begeistert und sagt, dass das Programm super ist.

2 Tauscht die Rollen.

Du bist in Frankreich bei deinem/deiner Austauschpartner/in. Ihr plant, für den Geburtstag eines Freundes (Jérémy) ein Geschenk zu kaufen. Partner/in A spielt sich selbst, Partner/in B spielt die Rolle des/der französischen Austauschpartners/Austauschpartner/in.

1 Entscheidet, wer A und wer B ist, und spielt den Dialog.

Partenaire A = corres allemand/e	Partenaire B = corres français/e
– will wissen, wann Jérémy Geburtstag hat.	– antwortet;
– fragt, ob ihr zusammen ein Geschenk kaufen wollt;	– ist einverstanden und macht einen Vorschlag;
– möchte wissen, was die Figuren kosten;	– eine Figur kostet 27 Euro, die beiden kosten 54 Euro;
– findet das zu teuer und macht zwei Gegenvorschläge;	– findet beide Vorschläge toll und fragt, was ihr jetzt machen wollt;
– antwortet.	

Ihr verabredet euch, um das Geschenk zu kaufen (wann, um welche Uhrzeit und wo).

2 Tauscht die Rollen.

Es sind Ferien. Partner/in A ruft seine/n / ihre/n französische/n Austauschpartner/in an.

1 Entscheidet, wer A und wer B ist, und bereitet euch auf das Telefongespräch vor.

Partenaire A = corres allemand/e	Partenaire B = corres français/e
Du bist in Frankreich. Bereite dich auf das Gespräch vor.	Du bist zufälligerweise gerade in Deutschland. Bereite dich auf das Gespräch vor.
Wo verbringst du die Ferien? Suche einen der folgenden Orte aus: – Paris – Strasbourg et les Vosges – Marseille	Wo verbringst du die Ferien? Suche einen Ort aus, den du gut kennst.
Mit wem verbringst du die Ferien? – mit deinen Eltern, – mit einem Freund / einer Freundin und dessen/deren Eltern, – mit einer Gruppe. Machst du einen Campingurlaub?	Mit wem verbringst du die Ferien? – mit deinen Eltern, – mit einem Freund / einer Freundin und dessen/deren Eltern, – mit einer Gruppe. Machst du einen Campingurlaub?
Was machst du gerade? Denke dir eine Aktivität aus.	Was machst du gerade? Denke dir eine Aktivität aus.
Was hast du morgen vor? Denke dir zwei Aktivitäten aus.	Was hast du morgen vor? Denke dir zwei Aktivitäten aus.
Wie ist das Wetter? – heute – morgen	Wie ist das Wetter? – heute – morgen

2 Schaut euch eure Rollen an, bereitet vor, was ihr sagen wollt, und spielt das Telefongespräch.

Partenaire A	Partenaire B
Du rufst an.	Dein Handy klingelt. Du meldest dich und ...
Du fragst **B**, – wie es ihm/ihr geht, – was er/sie gerade macht, – wo er/sie seine Ferien verbringt, – was er/sie morgen vorhat, – wie das Wetter ist.	... beantwortest die Fragen von **A**. Du möchtest aber auch wissen: – was **A** gerade macht und wo er/sie ist, – ob er/sie mit seinen/ihren Eltern unterwegs ist, – was er/sie morgen vorhat, – wie das Wetter ist.

Unité 1 / Volet 1 (p. 3)

Film
▶ code, p. 1

4 a Regarde le film. Coche la bonne réponse. | Schau dir den Film (s. Code Seite 1) an.
Begrüßen oder verabschieden sich die Personen in den Szenen? Kreuze an.

	Szene 1	Szene 2	Szene 3	Szene 4	Szene 5	Szene 6	Szene 7
Begrüßung							
Verabschiedung							

b Regarde le film encore une fois. Coche la bonne réponse. | Schau dir den Film noch einmal an.
Kreuze die richtige Antwort an.

1. Der Name der Schule lautet

☐ Maxime Alexandre
☐ Pierre Mendès France
☐ Marie-Laurine

2. Welche Flaggen erkennst du im Film?

☐  ☐

☐  ☐

c Complète. | Ergänze. Was antworten die Jugendlichen auf die Frage „Ça va"?

Super! Ça va. Bof.

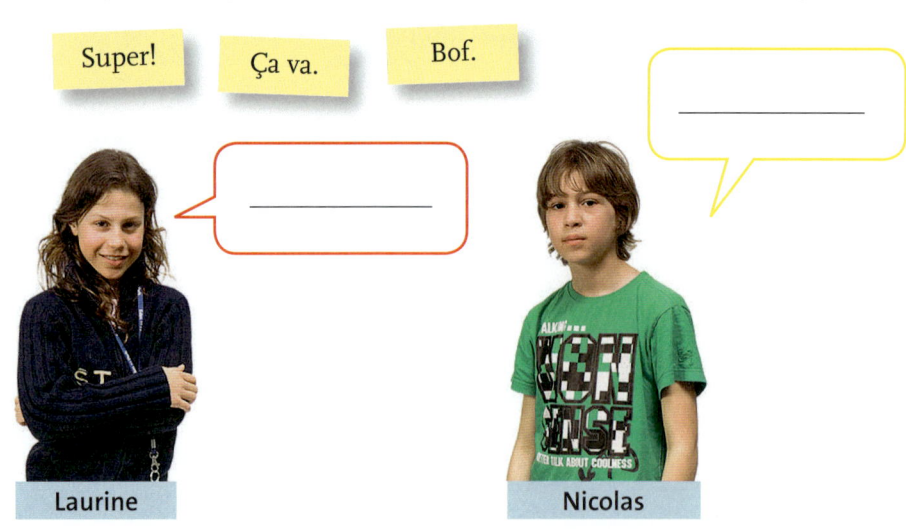

Laurine   Nicolas

Anissa

9 C'est qui? Regarde le film et présente les trois jeunes. | Schau dir den Film (s. Code Seite 1) an. Stelle die drei Jugendlichen vor.

Film
de, p. 1

_____

_____

_____

_____

_____

_____

_____

_____

_____

_____

_____

_____

Unité 2 / Volet 3 (p. 19)

9 **a** Regarde le film et coche les bonnes réponses. | Schau dir den Film an und kreuze die richtigen Antworten an.

Film
de, p. 1

1

☐ Laurine
☐ Marie

☐ est à la maison.
☐ rentre à la maison.
☐ est en classe.
☐ est à l'école.
☐ téléphone.
☐ est avec une copine.
☐ rêve.

2

☐ Maxime
☐ Robin

☐ est à la maison.
☐ est dans la cuisine.
☐ est dans la salle de bains.
☐ joue.
☐ téléphone.
☐ écoute des CD.
☐ cherche des informations sur Internet.

▶

b Regarde le film encore une fois et complète. | Schau dir den Film noch einmal an und ergänze.

1. Dans la chambre de Laurine, il y a _____

_____

_____

_____

_____

Unité 3 / Volet 2 (p. 24)

4 a Ils habitent où? Réponds.

Film
▶ code, p. 1

RUE DE LYON

RUE DU PARC

AVENUE DE L'EUROPE

RUE ROLLER

RUE DU MÉTRO

Nicolas

Robin

_____   _____

b Vrai ou faux? Coche. | Richtig oder falsch? Kreuze an.

	vrai	faux
Les deux garçons rentrent ensemble.	☐	☐

Unité 3 / Volet 4 (p. 29)

4 Regarde le film et coche la bonne réponse. | Kreuze die richtige Aussage an.

Film
▶ code, p. 1

1. C'est une interview avec
   ☐ Marie.
   ☐ Laurine.

2. Elle a
   ☐ 11 ans.
   ☐ 12 ans.

3. Elle habite
   ☐ 6, rue Anatole France à Levallois.
   ☐ 8, rue Anatole France à Charleroi.

4. Elle a
   ☐ deux sœurs et un frère.
   ☐ une sœur et deux frères.

5. Elle a
   ☐ un chien.
   ☐ un chat.

6. Son animal s'appelle
   ☐ Théo.
   ☐ Réglisse.

Film
de, p. 1

4 Regarde le film et complète. | Schau dir den Film an und ergänze.

Laurine

Maxime

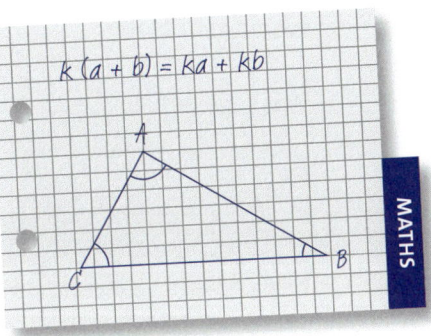

1. _____*Maxime*_____ aime les _____ .

2. _____*Laurine*_____ aime le _____ .

3. _____ adore Madame Forestier.

4. _____ n'aime pas son emploi du temps.

5. _____ a français _____ .

6. _____ a maths le vendredi _____ .

Unité 5 / Volet 3 (p. 49)

5 a Regarde le film et coche les bonnes phrases. | Kreuze die richtigen Aussagen an.

1. ☐ Nicolas est avec Marie.

2. ☐ Robin appelle Nicolas.

3. ☐ Nicolas appelle Marie.

4. ☐ Nicolas appelle Robin.

5. ☐ Marie a le numéro de téléphone de Robin.

6. ☐ Marie n'a pas le numéro de téléphone de Robin.

7. ☐ Nicolas est devant son ordinateur.

8. ☐ Robin et Nicolas vont ensemble au club de foot.

9. ☐ Nicolas et Robin passent chez Marie à trois heures.

10. ☐ Robin passe chez Nicolas à trois heures.

b Présente Robin et son coin bureau. | Stelle Robin und seine Arbeitsecke vor.

_____

_____

_____

Unité 6 / Volet 2 (p. 56)

Film
▶ code, p. 1

7   **Regarde le film et réponds (en allemand).**

1. Wohin geht Marie?   _____

2. Was sagt sie?

Je _____ une glace vanille-chocolat,

s'_____ .

3. Was möchte Marie kaufen?   _____

4. Wie viel zahlt Marie?   _____

5. Was kann man alles in diesem Geschäft kaufen? Ergänze auf Französisch.
   (▶ Online-Wörterbuch / Dictionnaire en ligne, p. 193)

★ confiserie ★	★ pâtisserie ★	★ boulangerie ★
des bonbons		

Unité 7 / Volet 2 (p. 65)

Film
▶ code, p. 1

9 **a** **Regarde le film, lis les résumés et coche le bon résumé.**

1
Anissa ne va pas très bien. C'est bientôt son anniversaire et ses parents veulent préparer sa fête. Anissa préfère l'organiser aves ses copains. Océane écoute le problème de sa copine et a une idée.
☐

2
Anissa ne va pas très bien. C'est bientôt son anniversaire. Elle veut faire une fête, mais ses parents ne sont pas d'accord parce qu'ils travaillent. Océane écoute le problème de sa copine et a une idée.
☐

3
Anissa ne va pas très bien parce que ses copains ne sont pas là ce week-end pour fêter son anniversaire. Alors sa copine Océane a une bonne idée.
☐

b Océane a une idée. Imagine. | Was könnte Océane für eine Idee haben?

_____

_____

Unité 8 / Volet 2 (p.74)

7 **a** Regarde le film. Qu'est-ce qu'on peut faire à Paris? Note. | Schau dir den Film an.
Was kann man in Paris unternehmen? Mach dir Notizen.

Film
de, p. 1

On peut prendre le métro, _____

_____

_____

_____

_____

_____

_____

b Qu'est-ce que Marie et Laurine font ensemble à Paris? Coche.

1. ☐ Elles vont à la piscine.

2. ☐ Elles regardent un livre.

3. ☐ Elles achètent des B.D.

4. ☐ Elles visitent Montmartre.

5. ☐ Elles vont au théâtre.

6. ☐ Elles font du vélo.

7. ☐ Elles achètent des fruits au supermarché.

8. ☐ Elles font une photo devant le Sacré-Cœur.

c Et toi? | Stell dir vor: Du fährst nach Paris. Was wirst du dort unternehmen? Schau dir den Film noch
einmal an und mach dir Notizen.

Je vais aller à Montmartre _____

_____

_____

_____

Unité 1 (Fais le point, S. 10–11)

1 a 1. Bonjour, Monsieur. / Bonjour, Madame.
2. Je m'appelle ___.
3. Je suis de ___.
4. Je suis **nouveau** à Strasbourg. Je suis **nouvelle** à Strasbourg.
5. Je ne sais pas.

b 1. Tu t'appelles comment?
2. Ça va?
3. Tu es de Strasbourg?
4. Tu es en sixième A?

2 1. le/la professeur, 2. l'école, 3. la fille, 4. les amis, 5. la classe, 6. les garçons, 7. la cour, 8. les élèves, 9. les amies, 10. le surveillant, 11. la rentrée, 12. la récréation

3 1. – Vous **êtes** le professeur?
– Non, je **suis** le surveillant.
2. – Tu **es** en sixième?
– Non, je **suis** en cinquième.
3. – Vous **êtes** les élèves de Monsieur Martel?
– Oui, nous **sommes** dans la classe de Monsieur Martel.
4. – Ils **sont** dans la classe de Karim?
– Alors Noah, oui, il **est** en cinquième avec Karim. Yasmine, non. Elle **est** en sixième.
5. – Yasmine, c'**est** qui?
– C'**est** l'amie de Clara.

4 1. – Moi, je suis Fata. Et toi, **tu es** Simon?
– Non, **je suis** Samuel.
2. – Noah **est** dans la classe de Yasmine?
– Non, **il est** dans la classe de Jade.
3. – Clara et Lara, vous **êtes** dans la classe de Théo?
– Oui, **nous sommes** / **on est** ensemble.
4. – Clara et Yasmine **sont** en sixième?
– Oui, **elles sont** en sixième A.
5. – Et Théo et Lukas?
– **Ils sont** aussi en sixième A.
6. – Noah et Jade **sont** avec Karim?
– Oui, **ils sont** ensemble en cinquième B.

Wenn du Schwierigkeiten hattest:
▶ Übe noch einmal die Rubrik *Qu'est-ce qu'on dit?* in den *Repères* auf S. 26.
▶ Löse dann die Förderübung im Beiheft, S. 2/1.

▶ Übe die Vokabeln mit den Artikeln mit Hilfe der Wortliste ab S. 194, indem du immer eine Spalte abdeckst.
▶ Löse dann die Förderübung im Beiheft, S. 3/2.
Tipp: Schreibe dir die männlichen Nomen blau, die weiblichen rot auf, so kannst du sie besser behalten. Lerne die Nomen gleich mit dem richtigen Artikel!

▶ Schau dir die *Repères* auf S. 27/2 an.
▶ Löse die Förderübung im Beiheft, S. 3–4/3.
Tipp: Eine Verbkonjugationstabelle findest du auf S. 190.

▶ Hast du Fehler gemacht? Dann löse die Förderübung im Beiheft, S. 4/4.

Unité 2 (Fais le point, S. 20–21)

1
1. Dans ma chambre, il y a une armoire et un hamac.
2. La télécommande est sur l'étagère.
3. Joue avec moi, s'il te plaît.
4. Non, pas maintenant, je travaille.

2
une armoire
un ordinateur
un stylo
une étagère
une collection
un biscuit
une minichaîne
une chambre
un appartement
une télécommande

3
Dans la chambre de Louise, il y a des bédés et des biscuits **sur** le lit. Les CD sont **sous** la table et les stylos **derrière** l'ordinateur. La minichaîne est **dans** l'armoire, **à droite** et les livres, **à gauche**. La guitare est **devant** l'armoire. Le shampoing est **sur** l'étagère **entre** les pierres et la lampe.

4
Dans la cour, il y a des garçons, des filles, des surveillants/professeurs, une table, une chaise, des livres, des pierres, des biscuits, un ordinateur, un hamac.

5
Voilà **une** chambre. C'est **la** chambre de Léon. Dans **la** chambre de Léon, il y a **un** coin bédé avec **des** posters et **une** collection de figurines. Et sur l'étagère, il y a **la** collection de bédés de Léon.

6
1. Yasmine travaill**e** avec Clara. Après, elles écout**ent** des CD et chant**ent**.
2. – Vous cherch**ez** des informations sur Internet avec moi?
   – Non, pas maintenant. Nous travaill**ons**.
3. – Tu regard**es** des photos?
   – Oui, je cherch**e** des photos de l'école.
4. – On écout**e** un CD ensemble?
   – Non! Tu m'énerv**es**! Je téléphon**e**.
5. Les garçons regard**ent** la télé. Après, Karim jou**e** avec Zorah.

Wenn du die Redewendungen der Unité 2 noch nicht so gut kannst,
▶ übe noch einmal mit der Rubrik *Qu'est-ce qu'on dit?* (S. 44).
▶ Löse dann die Förderübung im Beiheft, S. 5/1.

Hattest du Probleme mit den unbestimmten Artikeln und den Nomen?
▶ Schreibe eine Liste mit allen neuen Nomen der Unité 2 (Wortliste, S. 199–203) und schreibe die männlichen Nomen in blau und die weiblichen Nomen rot.
▶ Löse dann die Förderübung im Beiheft, S. 5/2.

Wenn du Fehler mit den Präpositionen gemacht hast,
▶ sieh dir die Präpositionen in der Wortliste noch einmal an, S. 201.
▶ Löse dann die Förderübung im Beiheft, S. 6/3.

Wenn du Probleme mit der Lösung der Aufgabe hattest,
▶ sieh dir die *Repères* auf S. 44/1 noch einmal an.
▶ Löse dann die Förderübung im Beiheft, S. 6/4.

Hast du Fehler gemacht?
▶ Sieh dir den Abschnitt 1 der *Repères* (S. 44) noch einmal an und löse dann die Förderübung im Beiheft, S. 6/5.

Wenn du Schwierigkeiten mit der Konjugation der Verben hattest,
▶ sieh dir den Abschnitt 2 der *Repères* (S. 45) noch einmal an.
▶ Löse dann die Förderübung im Beiheft, S. 7/6.

1   **Karim:** Théo, qu'est-ce que tu **lis**, après l'école sur ton lit?

Théo: Moi, je **lis** des bédés. Et toi et ta sœur, vous **lisez** beaucoup?

Karim: Yasmine **lit** beaucoup mais moi, je chante avec Noah et j'**écris** des textes.

Théo: Les filles **lisent** toujours beaucoup … Est-ce que Noah **écrit** aussi des textes?

Karim: Oui, Noah et moi, nous **écrivons** des textes ensemble.

Théo: C'est cool! Vous **écrivez** aussi le rap pour le collège?

Noah: Non, les élèves de la 5ᵉ A **écrivent** «le rap du collège» avec le prof de musique.

Wenn dir die Formen der Verben *lire* und *écrire* nicht eingefallen sind:
▶ Schlage auf S. 47 nach und lerne die Formen auswendig.

2

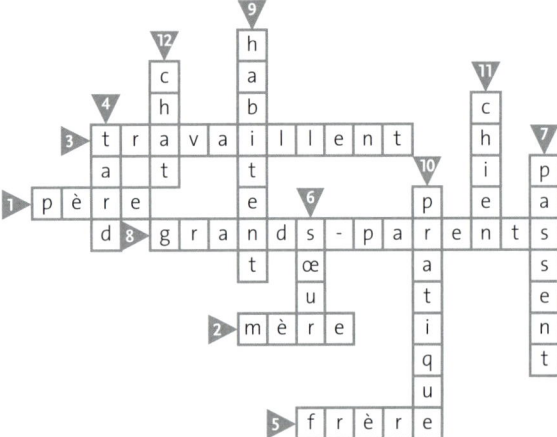

Wenn du die Vokabeln nicht behalten hast:
▶ Wiederhole die Rubrik *Qu'est-ce qu'on dit?* / „Du erzählst vom Familienalltag" in den *Repères* auf S. 66.
▶ Übe noch einmal mit der Wortliste auf S. 204–210.
Du wusstest das passende Verb, konntest es aber nicht konjugieren:
▶ Schlage in der Verbliste auf S. 190 nach.
▶ Löse dann die Förderübung im Beiheft, S. 7/1.

3   Salut, moi c'**est** Ambre! J'**ai** 13 ans. Je **suis** en cinquième, dans une école de Strasbourg. À la maison, nous **sommes** trois enfants. J'**ai** un frère et une sœur, Arthur et Anabelle. Ils **ont** 14 et 15 ans. Ils **sont** cool. Mon frère **est** dans un groupe de rock. Ma sœur et moi, nous **avons** une collection de bédés. Il y **a** aussi Toby, le chien. Et vous, vous **avez** des frères et sœurs? Vous **êtes** aussi de Strasbourg?

Hast du Probleme mit der Konjugation von *avoir*?
▶ Sieh dir den Abschnitt 2 in den *Repères* auf S. 67 an.
▶ Löse dann die Förderübung im Beiheft, S. 8/2
Tipp: In der Verbliste auf S. 190 findest du die Konjugation von *être* und *avoir*.

4   Salut Laurie!

Voilà des photos de **mon** école. Les filles et les garçons, ce sont **mes** copains. Il y a Fiona et Jil. Fiona est toujours avec **sa** guitare et Jil avec **ses** bédés. Entre **mes** deux copines, c'est Mehdi avec **son** frère Sami. Il est très sympa aussi. Il n'est pas dans **ma** classe, mais en cinquième.

Toi et **tes** parents, ça va? **Ton** adresse, c'est toujours 3, place Bellecour à Lyon? J'ai toujours **ton** livre sur les animaux!

À plus, **ta** copine, Sara.

Wenn du mit den Possessivbegleitern Schwierigkeiten hattest:
▶ Sieh dir den Abschnitt 1 in den *Repères* auf S. 66 an.
▶ Löse dann die Förderübung im Beiheft, S. 9/3.

5 1. chien / intelligent, 2. frères et sœurs / bavards, 3. chambre / jolie, 4.tantes / bavardes, 5. cousins / sympa.

6 1. ≠ Ses parents rentrent tôt.
2. ≠ La photo est jolie.
3. ≠ C'est super. / C'est trop cool / C'est bien.
4. ≠ Ses parents sont séparés.
5. ≠ Ma mère travaille.
6. ≠ Mon lapin est moche. / Mon lapin a un caractère de chien. / Mon lapin est pénible.

Wenn du das Adjektiv nicht richtig angeglichen hast:
▶ Sieh dir den Abschnitt 3 in den *Repères* auf S. 67 an.
▶ Löse dann die Förderübung im Beiheft, S. 10/4.

Wenn dir die Vokabeln oder die Redewendungen nicht eingefallen sind:
▶ Wiederhole sie mit Hilfe der Rubrik *Qu'est-ce qu'on dit?* in den *Repères* auf S. 66 und der Wortliste auf S. 204–210.
▶ Sieh dir den Abschnitt 7 im Methodenteil, S. 176 an.
▶ Löse dann die Förderübung im Beiheft, S. 10/5.

Unité 4 (Fais le point, p. 40–41)

1 1. J'aime le rap. 2. Je n'aime pas le sport.
3. Je déteste l'athlétisme. 4. Ma chanteuse préférée, c'est ___ . 5. Je suis fan de ___ .
6. Qu'est-ce que tu fais ce week-end? 7. On rentre à quelle heure? 8. Ça marche? 9. (Est-ce que) tes parents sont d'accord? 10. (Est-ce que) je peux inviter mon copain?

Wenn du Schwierigkeiten mit der 1. Aufgabe hattest,
▶ lerne die Redewendungen noch einmal mit der Rubrik *Qu'est-ce qu'on dit?* (S. 86).
▶ Löse dann die Förderübung im Beiheft, S. 11/1.

2 1. le foot 2. la guitare 3. le ski 4. le tennis
5. les percussions 6. la bédé 7. le vélo 8. la danse
9. l'aviron 10. le théâtre

Wenn das nicht so gut geklappt hat,
▶ lerne die Sportarten und Hobbys noch einmal mit der Wortliste (S. 213–217).
▶ Löse dann die Förderübung im Beiheft, S. 11/2.

3 Samedi, Clara **veut** inviter Yasmine mais sa mère **dit** «Non.» Dimanche, Clara et Alexandre **veulent** regarder la télé.
Clara: Papa, on **peut** regarder la télé?
Père: Non, pas maintenant. Camille **fait** ses devoirs dans la salle de séjour.
Clara: Vous **dites** toujours «Non.» Vous **voulez** toujours être tranquilles. C'est tout.
Père: Écoute Clara. Moi, je **fais** les devoirs avec Camille. Tu **peux** jouer une partie de cartes avec Alexandre maintenant et après nous **faisons** une balade ensemble.
Clara: Non, nous ne **voulons** pas faire une balade.
Père: D'accord, nous **pouvons** regarder un DVD ensemble.
Clara: Là, je ne **dis** pas «Non.» Merci, papa!

Wenn du die Verbformen noch nicht gut beherrschst,
▶ lerne die 4 Verben in der Liste der Verben (S. 191).
▶ Lege eine Verbkarteikarte (*Carnet*, S. 103) für die Verben *faire, dire, pouvoir* und *vouloir* an.
▶ Löse dann die Förderübung im Beiheft, S. 12/3.
▶ Schreibe danach die Formen der vier Verben auswendig auf.

4 1. Elle fait de la guitare.
2. Il fait du vélo.
3. Ils font de l'athlétisme.
4. Il fait des percussions.

Hast du den falschen Artikel bei den Nomen genommen?
▶ Dann lerne die Nomen noch einmal mit dem richtigen Artikel. (Wortliste, S. 213–217)
Hast du die Präposition *de* nicht richtig mit dem bestimmten Artikel verbunden?
▶ Dann löse die Förderübung im Beiheft, S. 12/4.

5 1. Léo **ne** téléphone **pas**. 2. Théo **n'**invite **pas** Clara. 3. Amandine **n'**aime **pas** les week-ends en famille. 4. Karim **ne** veut **pas** jouer avec sa sœur.

▶ Lies dir Abschnitt 3 der *Repères* (S. 87) noch einmal durch, und mach dir klar, wo die Verneinungswörter *ne ... pas* im Satz stehen.
▶ Löse dann die Förderübung im Beiheft, S. 12/5.

6   1. Est-ce que tu aimes la musique classique?
2. Est-ce que tu as des animaux?
3. Est-ce que tu joues avec ton frère?

7 a Um ein Telefongespräch.
   b Philippe Cécile Paul
   c 1. faux 2. vrai 3. vrai 4. vrai 5. vrai. 6. faux
7. faux

Hattest du Schwierigkeiten, die richtige Frage zu finden?
▶ Lies dir den Abschnitt 2 der *Repères* (S. 86) durch.
▶ Löse die Förderübung im Beiheft, S. 13/6.

Hattest du Schwierigkeiten beim Verstehen?
▶ Bearbeite die Förderübung im Beiheft, S. 13–14/7.

Unité 5 (Fais le point, p. 50–51)

1   1d – 2f – 3b – 4a – 5g – 6e – 7c

Wenn du Schwierigkeiten mit der 1. Aufgabe hattest,
▶ lies die Texte der *Volets* noch einmal genau durch.
▶ Lerne die Vokabeln noch einmal mit der Wortliste (S. 217–223).
▶ Löse dann die Förderübung im Beiheft, S. 14/1.

Wenn du die Possessivbegleiter noch nicht gut beherrschst,
▶ schau dir den Abschnitt 1 der *Repères* auf S. 108 noch einmal an.
▶ Löse dann die Förderübung im Beiheft, S. 15/2.

2   1. – Où est-ce que vous allez pendant **vos** récréations? – Pendant **nos** récréations, nous pouvons aller dans la cour ou au CDI.
2. – À quelle heure est-ce que vous rentrez après **vos** cours? – **Nos** cours sont jusqu'à **quatre heures** mais souvent aussi jusqu'à **cinq heures**!
3. – Est-ce que vous aimez **votre** cantine?
– Oui, **notre** cantine est sympa, parce qu'il y a des posters et des dessins d'élèves sur les murs!
4. – Quand est-ce que **votre** CDI est ouvert?
– **Notre** CDI est ouvert de **huit heures** à **cinq heures** et le mercredi entre **huit heures** et **midi**.

Les notes de Camille:
1. Pendant **leurs** récréations, les 6èmes A vont au CDI ou dans la cour.
2. **Leurs** cours sont souvent jusqu'à 17 h 00.
3. **Leur** cantine est un endroit sympa.
4. **Leur** CDI est ouvert pendant la journée jusqu'à 17 h 00, le mercredi de 8 h 00 à 12 h 00.

3   Clara est **au** TJP. Camille est **à l'**école. Monsieur Fabre est **à la** Vitamine C et Madame Fabre est **au** musée. Alexandre ne va pas bien, il est **à la** maison et va toujours **aux** toilettes. Alors qui va jouer avec moi?

Hattest du noch Schwierigkeiten mit dem zusammengezogenen Artikel?
▶ Schau dir den Abschnitt 3 der *Repères* auf S. 109 noch einmal an.
▶ Löse dann die Förderübung im Beiheft, S. 15/3.

4   Salut Yasmine! C'est bientôt les vacances!! Est-ce que tu **vas retrouver** tes cousins de Marseille? Moi, je **vais passer** mes vacances d'hiver avec mon père dans les montagnes! Nous **allons faire** du ski et des balades. Mon père **va inviter** ma tante et son fils, Max. ☺ Clara et toi, vous **allez jouer** au TJP dimanche après-midi? Super! Théo et Lukas ne **vont** pas **pouvoir** être là … C'est bête. Mais moi si! ☺ Bises Jade

Hast du Formen des *futur proche* falsch gebildet?
▶ Wiederhole die Konjugation des Verbs *aller* mit der Verbliste, S. 191.
▶ Schau dir den Abschnitt 5 der *Repères* auf S. 110 noch einmal genau an.
▶ Löse dann die Förderübung im Beiheft, S. 16/4.

5 1. – Quand est-ce qu'ils rentrent?
2. – À quelle heure est-ce que tu as maths?
3. – Pourquoi est-ce qu'on ne va pas au musée le mardi?
4. – Où est-ce que tu fais tes devoirs?

Hattest du Schwierigkeiten, die richtige Frage zu finden?
▶ Lies dir den Abschnitt 4 der *Repères* auf S. 109 durch.
▶ Löse dann die Förderübung im Beiheft, S. 16/5.

Unité 6 (Fais le point, S. 60–61)

1 1b; 2c; 3f; 4 (Keine Antwort); 5d; 6e; 7a
4 Qu'est-ce que tu prends? Je prends les spaghettis (et les fruits). / Je ne sais pas.

Wenn du Schwierigkeiten mit der Übung hattest,
▶ sieh dir den Text auf S. 119 noch einmal an.
▶ Löse dann die Förderübung im Beiheft, S. 17/1.

2 Au centre, près de **la cathédrale**, il y a **un café**, **une boulangerie** et **un supermarché**. Mais moi, j'habite loin du centre. À côté de chez moi, il y a **une piscine** et **un stade**. Mais il n'y a pas de **magasins**. Et il n'y a pas de **touristes**. Et ça, c'est super.

Wenn du die Nomen nicht wusstest oder nicht ganz richtig geschrieben hast,
▶ lerne die Vokabeln der *Unité 6, Volet* 3 (S. 226–228) noch einmal.
▶ Löse dann die Förderübung im Beiheft, S. 17/2.

3 a À midi, Jan **veut** manger à **la** cantine avec **les** correspondants de Strasbourg. Comme plat, il y a «spaghettis» ou «lapin à la moutarde». Jan ne **comprend** pas **le** mot «moutarde». Alors, il **prend les** spaghettis. Et comme dessert, il **prend le** gâteau au chocolat. Après **le** déjeuner, il **veut** faire un rallye avec **les** corres.

Wenn du noch Fehler bei den Verbformen machst,
▶ sieh dir die Verbformen auf S. 191 deines Buches an.
▶ Löse dann die Förderübung im Beiheft, S. 17–18/3.

b À midi, Jan et Nora **veulent** manger à la cantine avec les correspondants de Strasbourg. Comme plat, il y a «spaghettis» ou «lapin à la moutarde». Jan et Nora ne **comprennent** pas le mot «moutarde». Alors, ils **prennent** les spaghettis. Et comme dessert, ils **prennent** le gâteau au chocolat. Après le déjeuner, ils **veulent** faire un rallye avec les corres.

c 1. Qu'est-ce que vous **prenez**? 2. Je **prends** un jus de fruits. 3. Et nous, nous **prenons** deux croissants et deux jus de fruits.

4 1. Non, les élèves **ne** sont **plus** sur le bateau, à midi. 2. Non, Clara **ne** veut **plus** manger. 3. Non, les élèves **ne** retournent **plus** sur la place Kléber.

Wenn du bei der Stellung der Verneinungswörter noch nicht ganz sicher bist,
▶ löse die Förderübung im Beiheft, S. 18/4.

5 Au centre-ville, il y a **beaucoup de** cafés et **beaucoup de** bars. Il **n'**y a **plus de** supermarché. Le week-end, au centre, il y a **trop de** touristes. Dans mon quartier, il **n'**y a **pas assez d'**activités pour les jeunes. Près de chez moi, il y a une piscine. Mais il **n'**y a **pas de** stade.

Wenn du die Mengengaben noch nicht so gut beherrschst,
▶ lerne sie noch einmal mit Abschnitt 2 der *Repères* (S. 128).
▶ Löse dann die Förderübung im Beiheft, S. 18/5.

6 a Karottensalat = salade de carottes
Obstsalat = salade de fruits
Grüner Salat = salade verte
Fisch in Currysauce = poisson au curry

b Vorspeise: Karottensalat oder mexikanische Pastete;
Hauptgericht: Lasagne oder Fisch in Currysauce / Curryfisch und grüner Salat;
Nachspeise: Obstsalat oder Schokoladencreme

Wenn du die Sprachmittlung nicht richtig gelöst hast,
▶ lerne noch einmal die Vokabeln der *Unité 6* (Wortliste, S. 223–228),
▶ lies dir die *Apprendre à apprendre* der *Unité 6* sowie die Methoden (S. 184) noch einmal durch.

Unité 7 (Fais le point, S. 69–70)

1 1. C'est quand, ton anniversaire?, 2. Je compte sur toi!, 3. Qui veut m'accompagner?,
4. Joyeux anniversaire! 5. Ça coûte combien?,
6. C'est trop cher!

Wenn du lange gebraucht hast,
▶ wiederhole die Rubrik *Qu'est-ce qu'on dit?* auf S. 146.
▶ Löse dann die Förderübung im Beiheft, S. 19/1.

2 1. le 25 décembre, 2. le 1er mai,
3. le 1er janvier, 4. le 11 novembre,
5. le 14 février, 6. le 3 octobre

Sind dir die Monatsnamen nicht immer eingefallen,
▶ wiederhole sie mit Hilfe der Wortliste auf S. 229 und
▶ löse die Förderübung im Beiheft, S. 19/2.

3

(61)	(78)	(91)
52	74	(87)
(82)	(66)	99

Dreierreihe: 61 78 91

Wenn du die Zahlen noch nicht so gut beherrschst,
▶ dann schlage auf S. 189 nach.
▶ Löse auch die Förderübung im Beiheft, S. 19/3.
Tipp: Zahlen kannst du übrigens ganz leicht üben: Sage einfach jede Zahl, die dir im täglichen Leben begegnet, auf Französisch.

4 1. **Achetez** mes fraises, trois euros le kilo!
2. Maman, tu m'**achètes** un bretzel, s'il te plaît?
3. Allô? ... Allô? Je ne t'**entends** pas, qu'est-ce qu'il y a?
4. – Pardon, est-ce que le tram D passe par ici?
– Oui, nous l'**attendons**, il va bientôt arriver.
5. Vous êtes en retard! Tout le monde vous **attend**.

Wenn du mit der Konjugation von *acheter* noch nicht klar kommst,
▶ dann schlage die Verbliste auf S. 190 auf.
▶ Löse anschließend die Förderübung im Beiheft, S. 20/4.
Hast du noch Schwierigkeiten mit den Verben auf *-re*?
▶ Wiederhole sie regelmäßig mit deiner Verbkartei (*Carnet*, S. 103).
▶ Löse die Förderübung im Beiheft, S. 20/5.
Tipp: Du kannst die Verbformen auch mit einem Würfel üben: Wirf einen Würfel und eine Münze. Der Würfel bestimmt die Person, die Münze das Verb (Kopf – *acheter*, Zahl – *attendre*). Bilde die Verbform.

5 a [x] farine   [x] œufs   [x] fraises   [x] ananas
[x] jus d'orange   [x] sucre   [x] bananes

b Lösungsvorschlag: un paquet/kg de farine, des œufs, un kg de fraises, un ananas, des bouteilles de jus d'orange, un paquet/kg de sucre, des bananes

Wenn du noch unsicher mit den Mengenangaben bist, dann
▶ schau dir den Abschnitt 2 in den *Repères* auf S. 146 an und mache die dazugehörige Übung noch einmal.
▶ Löse auch die Förderübung im Beiheft auf S. 20–21/6.

6 1. Bonjour, je **cherche** des mangas. Où est-ce
   que je peux **les** trouver?
2. – Tu **m'attends**?
   – Bon, d'accord, je **t'attends**.
3. – Pourquoi est-ce que vous **nous détestez**?
   – Mais, non, nous **vous** adorons!
4. – Tu **aimes** la musique de ZAZ?
   – Oui, je **l'**écoute beaucoup en ce moment.

Hast du Fehler bei den direkten Objektpronomen gemacht?
▶ Dann lies die *Repères* auf S.147/3 noch einmal durch
   und löse die dazugehörige Aufgabe.
▶ Löse auch die Förderübung im Beiheft auf S.21/7.

Unité 8 (Fais le point, S.75)

1 1. Je vais passer deux semaines avec mes
   grands-parents au bord du lac «Ammersee»:
2. On va faire du camping.
3. Je vais nager dans le lac.
4. Et on va faire des randonnées.

Wenn du Schwierigkeiten mit der Aufgabe 1 hattest,
▶ lerne die Redewendungen *Qu'est-ce qu'on dit?* in den
   Repères, S.162.
▶ Löse dann die Förderübung im Beiheft, S.22/1.

2 a Sonne: le soleil
Feuerwerk: le feu d'artifice
Berg: la montagne
Pferd: le cheval
Zelt: la tente
Fernglas: les jumelles
Sandburg: le château (de sable)
Strand: la plage
Meer: la mer

Hast du alle Vokabeln gefunden? Hast du sie alle richtig
geschrieben? Wenn nicht,
▶ lerne die Vokabeln mit Hilfe der Wortliste,
   S.221–223.
▶ Lege für jedes Wort, das du nicht wusstest (oder das
   du falsch geschrieben hast), eine Karteikarte an
   (*Méthodes*, S.159/3).
▶ Löse die Förderübung im Beiheft, S.22/2a–b.

b 1. Il fait beau et chaud.
2. Il pleut.
3. Il fait froid.

Hast du die richtigen Redewendungen verwendet?
Wenn nicht,
▶ lerne die Redewendungen *Qu'est-ce qu'on dit?* in den
   Repères, S.162.
▶ Löse dann die Förderübung im Beiheft, S.23/2c.

3 Salut Noah!
Je **suis** dans les Pyrénées, dans un camping.
Il y a un restaurant et une piscine.
La piscine, c'est super **quand** il fait chaud!
Quand il pleut, on **joue** des parties de cartes
sous la tente.
Et **quand** mes parents m'énervent, je **vais** à la
salle de jeu **pour** jouer sur l'ordinateur.
Demain, on va aller à Foix **pour** visiter le
château. Alors, c'est cool, Paris? Tu m'appelles
quand tu rentres? Je voudrais te retrouver **pour**
regarder tes photos de Paris.
À plus, Théo

Hast du *quand* und *pour* richtig verwendet? Wenn nicht,
▶ schlage die *Repères* auf S.162/1 und 163/2 auf.
▶ Löse dann die Förderübungen im Beiheft, S.23/3.

Mon portfolio de français

Nom _____

Prénom _____

Date de naissance _____

Nom de mon école _____

Adresse de mon école _____

_____

Classe _____ Année scolaire 20_____ – 20_____

Mon professeur de _____
français s'appelle

Chez moi, on parle

_____

Avec mes copains, je parle

_____

Sprachen, die ich in der Grundschule gelernt habe

_____

Was ich über Frankreich schon weiß

_____

_____

_____

_____

_____

_____

_____

AUTOÉVALUATION

Hier kannst du selbst überprüfen, was du in deinem ersten Jahr Französisch gelernt hast. Sieh dir die Angaben in den einzelnen Bereichen an (Hören, Lesen, Sprechen, Schreiben) und male jedes Kästchen an:

◻ Was du noch nicht so gut kannst, malst du gelb an.
◼ Was du gut kannst, malst du blau an.
◻ Was du sehr gut kannst, malst du grün an.

HÖREN

Ich kann

☐ Telefonnummern, Preise und Uhrzeiten verstehen.
☐ Fragen über mich, meine Familie, meine Freunde und über meine Hobbys verstehen.
☐ verstehen, wenn sich jemand vorstellt.
☐ die Anweisungen meines Lehrers / meiner Lehrerin im Unterricht verstehen.
☐ ein einfaches Gespräch (über Hobbys, Essen, Haustiere) verstehen.
☐ verstehen, wenn sich jemand mit mir am Telefon verabreden möchte.
☐ verstehen, wenn jemand über seine Schule und seinen Stundenplan spricht.
☐ verstehen, wenn jemand über seinen Wohnort spricht.

LESEN

Ich kann

☐ einfache und kurze Texte zu den Themen Schule, Essen, Haustiere, Freizeitaktivitäten lesen.
☐ vertraute Namen und Wörter auf Schildern und Plakaten verstehen.
☐ Arbeitsanweisungen und Spielanleitungen in meinem Buch verstehen.
☐ ein Rezept oder eine Bastelanweisung lesen und verstehen.
☐ einen Stundenplan lesen und verstehen.
☐ einfache Leserbriefe und Prospekte verstehen.
☐ einfache E-Mails und Blogeinträge lesen und verstehen.

SPRECHEN

Ich kann

☐ jemanden begrüßen und fragen, wie es ihm geht.
☐ mich vorstellen und sagen, wie es mir geht und mich verabschieden.
☐ von meiner Familie, meinen Haustieren, meiner Stadt / meinem Dorf, unserer Wohnung berichten.
☐ jemanden nach seinem Namen, seinem Alter und seinen Interessen fragen.
☐ sagen dass ich Hunger/Durst habe und um etwas zum Essen und Trinken bitten.
☐ mich über meine Schule unterhalten.
☐ Vorschläge machen und meine Meinung äußern.
☐ ein kurzes Einkaufsgespräch führen.
☐ Wünsche äußern.
☐ mich mit jemandem verabreden.
☐ sagen, was ich am Wochenende oder in den Ferien vorhabe.

SCHREIBEN

Ich kann

☐ Wörter und Sätze aus dem Buch richtig abschreiben.
☐ einfache Notizen schreiben.
☐ eine E-Mail schreiben zu den Themen: meine Familie, meine Haustiere, meine Interessen, meine Schule.
☐ eine Postkarte oder eine kurze Nachricht aus dem Urlaub schreiben.
☐ eine Einkaufsliste schreiben.
☐ ein Plakat gestalten.

MEINE TRICKS BEIM FRANZÖSISCH LERNEN:

	immer	manchmal	nie
SO LERNE ICH WÖRTER			
Wenn ich ein unbekanntes Wort sehe, überlege ich,			
ob ich ein ähnliches Wort schon in einer anderen Sprache kenne.	☐	☐	☐
ob Bilder oder Fotos mir helfen können, das Wort zu verstehen.	☐	☐	☐
ob ich es aus der Situation oder dem Sinnzusammenhang des Textes erschließen kann.	☐	☐	☐
ob ich schon ein französisches Wort aus derselben Wortfamilie kenne. (*chanter* ➜ *chanson*)	☐	☐	☐
_____	☐	☐	☐
SO MERKE ICH MIR NEUE WÖRTER			
Ich wiederhole die Vokabeln regelmäßig.	☐	☐	☐
Ich lerne die Vokabeln in einem Beispielsatz.	☐	☐	☐
Ich schreibe schwierige Wörter auf Karteikärtchen ...	☐	☐	☐
... und ich male ein Bild dazu.	☐	☐	☐
_____	☐	☐	☐
HÖREN			
Ich achte auch auf Geräusche und Tonfall, um herauszufinden, worum es geht.	☐	☐	☐
Bei einer Hörverstehensübung lese ich die Aufgaben vorher genau durch, um zu wissen, was ich heraushören soll.	☐	☐	☐
_____	☐	☐	☐
LESEN			
Um zu verstehen, wovon einen Text handelt,			
achte ich zuerst auf die Überschrift, Bilder oder Fotos und überlege mir, was das Thema des Textes sein könnte.	☐	☐	☐
suche ich nach Wörtern, die mir wichtig erscheinen (Schlüsselwörter) und unterstreiche sie oder schreibe sie auf.	☐	☐	☐
_____	☐	☐	☐
SPRECHEN			
Wenn ich ein Rollenspiel vorbereite,			
lese ich mir die Rollenkarte genau durch und überlege zuerst, was die Person tun oder sagen soll.	☐	☐	☐
notiere ich Stichwörter auf einen Zettel, bevor ich anfange.	☐	☐	☐
_____	☐	☐	☐

Kopiervorlage Verbkartei

INFINITIF		Terminaison	*Régulier* ☐ *Irrégulier* ☐	Particularité
	PRÉSENT			**IMPÉRATIF**
	Je/J'			
	Tu			
	Il/Elle/On			
	Nous			
	Vous			
	Ils/Elles			
se conjugue comme:		**PASSÉ COMPOSÉ**		
IMPARFAIT		**FUTUR**		

INFINITIF		Terminaison	*Régulier* ☐ *Irrégulier* ☐	Particularité
	PRÉSENT			**IMPÉRATIF**
	Je/J'			
	Tu			
	Il/Elle/On			
	Nous			
	Vous			
	Ils/Elles			
se conjugue comme:		**PASSÉ COMPOSÉ**		
IMPARFAIT		**FUTUR**		

Vokabelschablone

Zum Vokabellernen kannst du dir eine Schablone basteln.

Dazu nimmst du ein weißes A4-Blatt hochkant. 7 mm vom oberen Rand entfernt ziehst du eine Linie. Auf dieser Linie markierst du die beiden Punkte, die vom rechten Rand 8 cm und vom linken Rand 7,5 cm entfernt sind. Diese Stellen schneidest du bis zur Linie ein. Nun faltest du die beiden äußeren Teile entlang der Linie nach unten (siehe Zeichnung). Fertig ist die Seite 1, *le côté français-allemand*. Willst du mit Seite 2, *le côté allemand-français*, üben, klappst du die Seitenteile einfach wieder hoch und faltest das Mittelteil entlang der Linie nach unten.

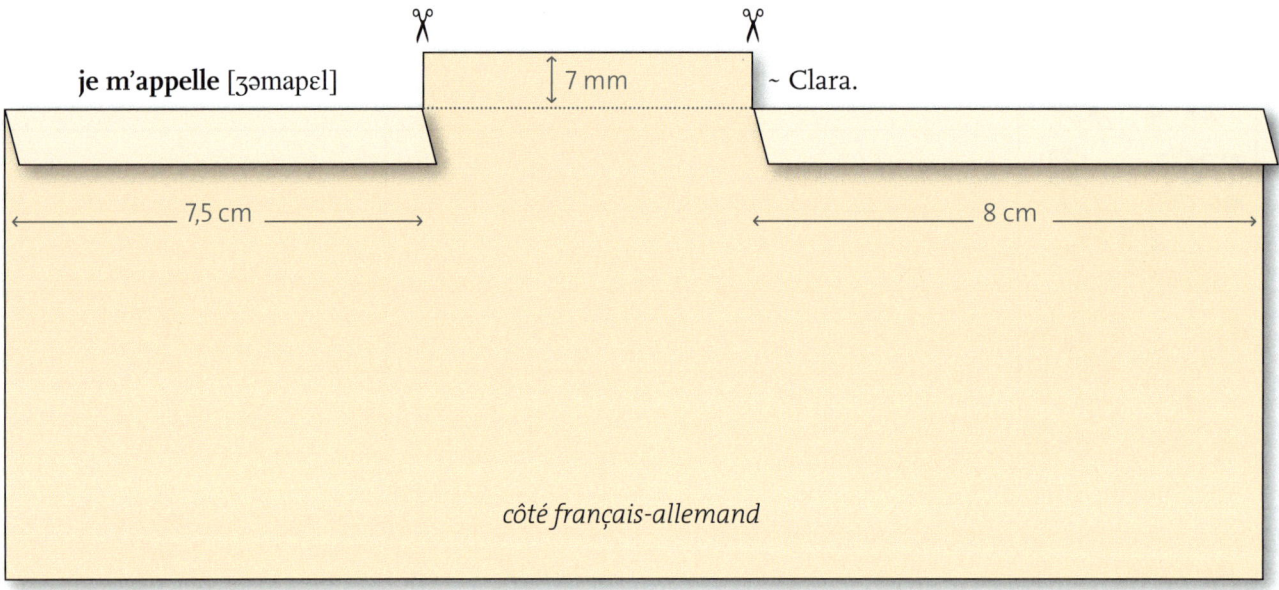

je m'appelle [ʒəmapɛl] 7 mm ~ Clara.

7,5 cm 8 cm

côté français-allemand

ich heiße

côté allemand-français

So lernst du Vokabeln mit der Schablone:

Seite 1: *français-allemand*
Lies das französische Wort. Ergänze den Satz, indem du das neue Wort an die Stelle der Tilde (~) setzt. Übersetze das Wort dann ins Deutsche. Anschließend schiebst du die Schablone nach unten und überprüfst deine Übersetzung.

Seite 2: *allemand-français*
Mit dieser Seite überprüfst du, ob du die deutschen Wörter auch ins Französische übersetzen kannst. Wenn dir der französische Ausdruck nicht gleich einfällt, schaust du unter der rechten Klappe nach und versuchst dich mit Hilfe des Satzes an den Ausdruck oder das Wort zu erinnern.